四川城市文化竞争力研究报告
（2020）

潘殊闲　潘君瑶　申昊煊◎著

知识产权出版社
全国百佳图书出版单位
—北京—

图书在版编目（CIP）数据

四川城市文化竞争力研究报告.2020/潘殊闲,潘君瑶,申昊煊著.—北京:知识产权出版社,2022.3
　ISBN 978-7-5130-8081-1

Ⅰ.①四…　Ⅱ.①潘…②潘…③申…　Ⅲ.①城市文化—竞争力—研究报告—四川—2020　Ⅳ.①G127.71

中国版本图书馆 CIP 数据核字（2022）第 036490 号

内容提要

本书立足四川所处的独特的经济、文化、政治背景与环境,以大量的实地调研结合严谨细致的数据统计与分析,参考国内外相关理论和比照其他兄弟省份的实际情况,建立了一套考核城市文化竞争力的要素指标体系并应用于对四川的考察;在客观合理反映四川城市在各文化要素领域的水平的基础上,提出了科学、中肯的文化发展意见。

本书虽然系针对四川省情而著,但在其他兄弟省份对自身文化发展的"把脉"和"处方"上也有实际的借鉴意义。

责任编辑：卢海鹰	责任校对：潘凤越
执行编辑：周　也	责任印制：刘译文

四川城市文化竞争力研究报告（2020）

潘殊闲　潘君瑶　申昊煊　著

出版发行：知识产权出版社 有限责任公司	网　　址：http://www.ipph.cn
社　　址：北京市海淀区气象路 50 号院	邮　　编：100081
责编电话：010-82000860 转 8122	责编邮箱：lueagle@126.com
发行电话：010-82000860 转 8101/8102	发行传真：010-82000893/82005070//82000270
印　　刷：天津嘉恒印务有限公司	经　　销：新华书店、各大网上书店及相关专业书店
开　　本：720mm×1000mm　1/16	印　　张：9
版　　次：2022 年 3 月第 1 版	印　　次：2022 年 3 月第 1 次印刷
字　　数：156 千字	定　　价：58.00 元
ISBN 978-7-5130-8081-1	

出版权专有　侵权必究
如有印装质量问题,本社负责调换。

序 言 /PREFACE

文化有广义、中义和狭义之分。本研究报告所指文化，属于中义，大体涵盖文化事业与文化产业两个维度。文化事业除传统意义上的文艺创作、文艺演出、图书馆、博物馆、档案馆、艺术馆、文化馆、美术馆、广播电视、新闻出版等，还应包括教育、体育及其相关领域。文化产业则是文化+各个产业形成的系列产业链。

文化是一个国家、一个民族的灵魂，自然也是一个地区、一个城市的灵魂。文化既是"软实力"，也是"硬实力"。今天的文化，已实实在在成为一个国家的（自然也是一个城市的）新的经济增长点。21世纪国际范围内的国家竞争，不仅体现在政治、经济上，而且在很大程度上演变为文化竞争力的较量。具体到每一个城市，依托城市载体而形成的共同思想、价值观念、城市精神、行为规范，是一座城市最深刻的特质，也是城市可持续发展的内在动力，是城市的灵魂所在。提升城市文化竞争力，开发利用城市文化资源，大力发展文化经济，塑造城市的独特文化与个性，正成为国内外城市之间竞争的主要内容与方式之一。

既然文化如此重要，那四川各城市的文化现状如何？

文化与经济紧密相关。在研究四川城市文化之前，不妨先了解一下四川城市的经济现状。作为经济大省，四川的国内生产总值（GDP）已连续多年位居全国各省（市区）第六位。如此体量的省域，城市的经济实力如何？遗憾的是，在2018年以前，除省会成都进入全国城市经济百强榜前十位之外，省内其他城市一直无缘该百强榜单。2019年至2020年，陆续有绵阳和宜宾两座城市进入全国城市经济百强，排名都比较靠后。进入全国城市经济百强的绵阳和宜宾，不仅与我国东部不少非省会城市相比差距较大，即便是与一些我国中西部非省会城市比较，也没有明显的优势，排名靠后。当然，相对于2018年以前四川仅成都一座城市进入全国城市经济百强而言，2018年后的四川城市经济发展已呈现良好的态势。但与四川在全国各省经济总量中的排名以及四川21个市州的城市数量基数相比，入围全国经济百强城市的数量以及入围后的排位都还有较大的提升空间。

经济的相对滞后，在一定程度上制约了四川城市的文化发展。在全国各类有关城市文化的竞争力排名中，除成都外，四川其他的城市难觅踪影，这也从侧面反映了四川除省会成都之外的其他城市经济竞争力不够，文化竞争力有待提升。

是不是省会之外的其他省内城市就难以实现文化的跨越发展？具体到四川，是不是除省会成都之外的其他城市，就永远不可能成为文化强市？从当前全国其他省域具有较强文化竞争力的城市来看，有相当一批是非省会城市；从历史的角度来看，一些散发出璀璨文化光芒的城市，并不一定是传统意义上的通都大邑。远的不说，就以四川为例。眉山，古称"眉州"，在两宋时期并不是经济中心城市，但奇怪的是，这个小州在不到300年（从北宋眉山第一个进士算起）的时间里，居然涌现出了800多名进士，位居全国第一，连长期居于西蜀乃至西部中心城市的成都都瞠乎其后，遥不可及。不仅如此，两宋时期的眉山，不仅诞生了以苏轼为代表的一批文化巨擘和文化精英，可谓群星闪耀，而且还是全国三大出版中心之一———一大批两宋时期的蜀刻本就出自眉山，至今都被学林视为珍宝。著名学者祝尚书先生曾撰写《论宋代文化中的"眉山现象"》（《四川大学学报：哲学社会科学版》2004年第3期）予以解读。宋代非中心城市的眉山可以在多方面创造超越中心城市成都的文化辉煌，对于今天四川的非中心城市来说，难道不可以借鉴历史实现自身的跨越发展吗？

必须看到，经济与文化发展关系非常密切，但绝不是简单的对应与对等关系。在经济进入新常态的时代背景下，加快四川非中心城市文化发展，完全可以实现"弯道超车"，甚至"变道超车"，有力助推四川从经济大省迈向经济强省，从文化大省迈向文化强省。近年来，经济发达地区的文化事业与文化产业迅猛发展，各种"文化+"不断催生新的经济业态与经济风潮，已快速成长为国民经济支柱产业，有力支撑当地经济的转型升级与"提速换挡"。

区域协调发展是中共十六届三中全会提出的"五个统筹"之一，习近平总书记在十九大报告中又提出要"建立更加有效的区域协调发展新机制"。中共四川省委在2013年提出了"实施多点多极支撑发展战略"，2018年又作出"一干多支、五区协同"的新部署。从"多点多极"到"一干多支、五区协同"，显示了中共四川省委促进全省区域协调发展，实现由经济大省向经济强省跨越的战略抉择。经济与文化密切相关，四川要从经济大省转变为经济强省，也必然会从文化大省转变为文化强省。按照木桶定律，一只木桶能装多少水，不取决于最长的那块木板，而是取决于最短的那块木板。因此，只有补短板，才能真正做大做强。

如前所述，成都在全省众多领域"一城独大"。就文化而言，四川要成为文化强省，不取决于成都发展的"高度"，而是取决于省内其他城市普遍水平的整体提高。所以，实现四川非中心城市文化跨越发展就成为四川由文化大省迈向文化强省的"关键"，也是支撑四川由经济大省迈向经济强省的重要抓手。

本课题正是基于这样的时代背景与区域经济和文化发展格局，希望通过大量的实地调研、数据统计与严谨分析，寻找到实现四川城市（特别是非中心城市）文化跨越发展的路径与对策。

目前，全球有关城市竞争力和城市文化竞争力的指标体系尚没有统一的标准，国内对中国城市文化竞争力的研究时间也比较短，从理论到实践都不够成熟。而有关四川城市文化竞争力的研究，更是空白。本课题组广泛参考国内外相关理论，立足四川的实际，尝试建立考核城市文化竞争力的要素指标体系。具体而言，共确定了文化服务要素、文化产业要素、文化资源要素、文化发展要素、文化活跃要素、文化经济要素、文化管理要素、文化形象要素、文化生产要素共9个一级指标和41个二级指标作为考核评估四川城市文化竞争力的依据。所设置的一级和二级指标，通过加权得到的分值，具有相对的合理性，能在相当程度上反映四川各城市在文化服务、文化产业、文化资源、文化发展、文化活跃、文化经济、文化管理、文化形象、文化生产等要素上的客观现状。也可以通过这种排序，让各城市之间进行必要的横向比较，由此更有针对性地加强本地的文化建设，努力实现"弯道超车"，真正为四川实现由文化大省到文化强省的跨越提供有力支撑，为各城市提升自己的"文化软实力"并进而提升整个城市的综合实力起到积极的促进作用。

需要说明的是，由于各城市在有关文化的指标统计方面口径不一致，也因为一些城市没有提供相应的数据，导致有关分析考核所搜集的数据与实际数据之间可能存在一定的误差，因而可能在某些方面影响考核的排序。

本课题搜集与分析的各城市主要经济指标均为2020年数据。2020年初，一场突如其来的新型冠状病毒肺炎疫情袭击全球，重创各国经济。对四川各城市而言，2020年的大多数经济数据对比2019年都有不同程度的下滑，有的甚至下滑幅度较大。换言之，这些所搜集与分析的数据，不是这些城市真实水平或最高水平的体现。但受疫情影响的不是哪一个或哪几个城市，而是所有的城市，因此，基于疫情背景所搜集与分析的各城市数据，虽然不是真实水平或最高水平的体现，但也具有相互的可比性，有重要参考价值与现实意义。

对城市文化竞争力的考核指标体系学术界尚在探讨之中，本课题组也是第一次对四川城市的文化竞争力进行研究，对不足之处需要在今后的研究中进一步加以更新完善和修正。

目 录 / CONTENTS

第一章　四川城市的分布与发展现状 …………………………… 001
 第一节　成都平原经济区城市 ………………………… 008
 第二节　川南经济区城市 ……………………………… 017
 第三节　川东北经济区城市 …………………………… 020
 第四节　攀西经济区城市 ……………………………… 025
 第五节　川西北生态示范区城市 ……………………… 028

第二章　四川城市文化竞争力的核心要素及相关指标 ………… 031
 第一节　文化与城市文化 ……………………………… 033
  一、文化的定义 ………………………………………… 033
  二、城市文化的定义 …………………………………… 035
 第二节　城市竞争力与城市文化竞争力 ……………… 039
  一、城市竞争力的定义 ………………………………… 039
  二、城市文化竞争力的定义 …………………………… 040
  三、城市文化竞争力的特征 …………………………… 041
  四、城市文化竞争力与城市竞争力的关系 …………… 043
 第三节　四川城市文化竞争力的核心要素及其指标体系 …… 045
  一、构建四川城市文化竞争力评价指标体系的目的与原则 … 045
  二、四川城市文化竞争力评价指标体系的构成 ………… 047
  三、四川城市文化竞争力评价指标体系的数据采集与释义 … 049

第三章	四川城市文化竞争力综合排名及分项指标排名分析 ··· **055**
	第一节　四川城市文化竞争力的综合排名及分析 ············ **058**
	第二节　四川城市文化竞争力的分项指标排名及其分析 ······· **060**
第四章	四川城市文化竞争力的个案研究 ······················· **077**
	第一节　成都与杭州城市文化竞争力比较 ················· **079**
	第二节　绵阳与遵义城市文化竞争力比较 ················· **084**
	第三节　泸州与宜宾城市文化竞争力比较 ················· **086**
	第四节　眉山与乐山城市文化竞争力比较 ················· **088**
	第五节　南充与达州城市文化竞争力比较 ················· **091**
第五章	四川非中心城市文化的跨越发展 ······················· **095**
	第一节　四川非中心城市文化跨越发展的背景 ·············· **099**
	第二节　四川非中心城市发展滞后原因分析 ··············· **113**
	第三节　四川非中心城市文化发展存在的问题 ·············· **118**
	第四节　四川非中心城市文化跨越发展的对策建议 ·········· **122**

图索引 ·· **128**

表索引 ·· **129**

主要参考文献 ·· **131**

后　　记 ··· **132**

第一章 四川城市的分布与发展现状

四川历史是中国历史重要的组成部分。四川最早有人类活动的历史可追溯至200万年前，从都江堰水利工程、文翁化蜀、益州交子、燊海井以及《太初历》《证类本草》《数书九章》，再到宝墩文化、三星堆文化、金沙文化，无一不体现蜀地历史的多姿多彩与深厚底蕴。如何以史为鉴并站在当代中国特色社会主义的进程中"识蜀、治蜀、兴蜀"，是摆在四川眼前的重要问题[①]。

四川位于中国西南部内陆，与重庆市、云南省、贵州省、西藏自治区、陕西省、甘肃省、青海省相连，2020年，四川GDP为48598.8亿元。在"十三五"期间，四川文化、教育、旅游、康养、医疗等公共服务有了大幅提升，与全国城市化建设程度相比差距不断缩小，道路等基础设施建设稳步推进，科技对经济增长的贡献率不断提升。四川省四大城市群（成都平原城市群、川南城市群、川东北城市群、攀西城市群）已经有了一定的规模，可以说已经初步形成了以国家中心城市成都为核心，以区域的中心城市为骨干，以小型城镇为基础的体系[②]。但四川省各城市也面临一些问题：各城市综合竞争力不够强，而特大城市又存在一定的虹吸效应，城市之间的共享协作能力还处于低水平[③]。

伴随着成渝地区双城经济圈的建设与发展战略的正式提出，根据"十四五"规划，四川省各城市将继续大力实施互联与互通，推进高质量发展与高效率发展；以人才为本，大力改善居住环境与创新创业环境；特大城市需向扩散效应为主进行转变，确定开发边界；积极探索四川省内外城市间的创新合作[④]。以"一干多支，五区协同"为战略支撑："一干"是指做好做强省会成都，使其成为强有力的带动能量；"多支"应为四川多个区域中心城市，打造特色鲜明的区域经济板块。"一干多支"意味着四川省"一轴两翼三带"布局的优化和干、支壮大与突破的必要。"五区"是指成都平原经济区、川南经

[①] 陶武先.认识历史 创造未来：《四川通史》（重修本）序[J].社会科学研究，2010（6）：186-187.
[②][③][④] 王小琪."十四五"四川城市发展新趋势[J].四川省情，2021（2）：40-41.

济区、川东北经济区、攀西经济区、川西北生态示范区。"一干多支，五区协同"与成渝地区双城经济圈的战略部署为全面建设社会主义现代化的四川掀开了新的篇章。

  本书所指四川城市，包含了四川全部21个市州。其中3个自治州虽然名称不叫"城市"，但与其他除成都之外的17个地级城市是同级别。为便于全面考察，故统称为"四川城市"。

  表1-1为2020年四川城市相关经济指标统计情况。图1-1、图1-2、图1-3、图1-4、图1-5以柱状图形式展示了四川城市相关经济指标中的细项对比，分别为GDP、一般公共预算收入、社会消费品零售总额、旅游总收入、城镇居民人均可支配收入。[①]

表1-1　2020年四川城市相关经济指标统计情况

经济区	城市	GDP/亿元	一般公共预算收入/亿元	社会消费品零售总额/亿元	旅游总收入/亿元	城镇居民人均可支配收入/元
成都平原经济区	成都	17716.7	1520.4	8118.5	3005.2	48593
	德阳	2404.1	132.1	851.2	269.63	39360
	绵阳	3010.08	140.96	1394.26	639.91	39680
	乐山	2003.43	120.62	748.31	1040.3	38931
	眉山	1423.74	121.62	543.3	363.15	38892
	资阳	807.5	53.1	377.3	145.6	37562
	遂宁	1403.18	79.92	467.37	386.89	37117
	雅安	754.59	48.49	263.8	342.08	37191
川南经济区	自贡	1458.44	63.45	583.37	235.55	38781
	泸州	2157.2	170.07	1013.81	416.29	39547
	内江	1465.88	66.34	558.93	311	38337
	宜宾	2802.12	200.03	1027	669.9	39166

[①] 本书有关四川各城市国民经济和社会发展的数据，主要来自各城市政府统计部门发布的年度国民经济和社会发展统计公报及政府网站提供的其他相关数据。

第一章　四川城市的分布与发展现状

续表

经济区	城市	GDP/亿元	一般公共预算收入/亿元	社会消费品零售总额/亿元	旅游总收入/亿元	城镇居民人均可支配收入/元
川东北经济区	南充	2401.08	133.9	1217.6	785.3	36057
	达州	2117.8	112.33	1085.01	302.58	36001
	广安	1301.6	86	549.4	277.86	38071
	巴中	766.99	48.4	482	328	35821
	广元	1008.01	52.62	419.24	484.38	35740
攀西经济区	攀枝花	1040.82	68.25	235.15	313.91	44209
	凉山州	1733.15	160.3	678.2	275	34636
川西北生态示范区	阿坝州	411.75	28.73	96.81	301.14	37011
	甘孜州	410.61	40.11	114.31	341.28	36521

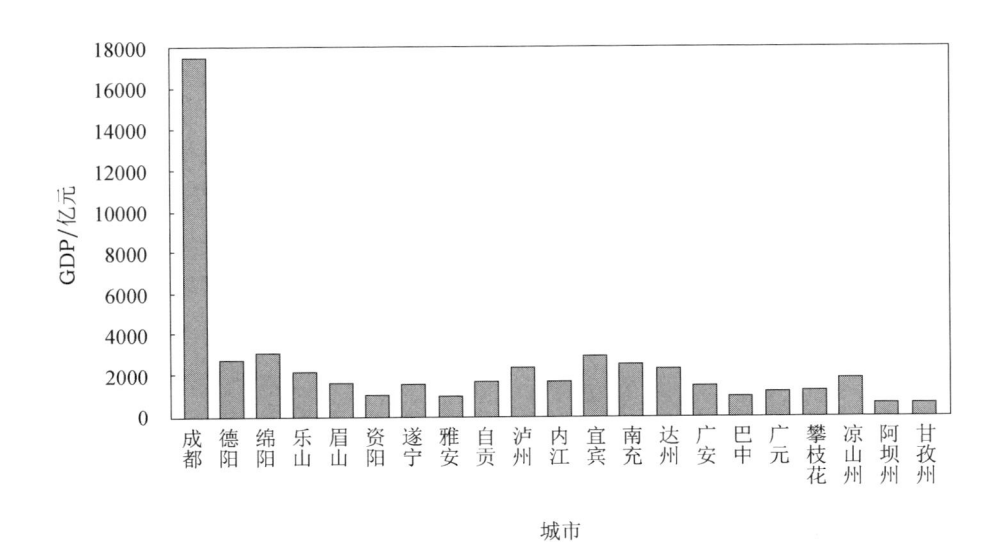

图 1-1　2020 年四川城市 GDP 对比

· 005 ·

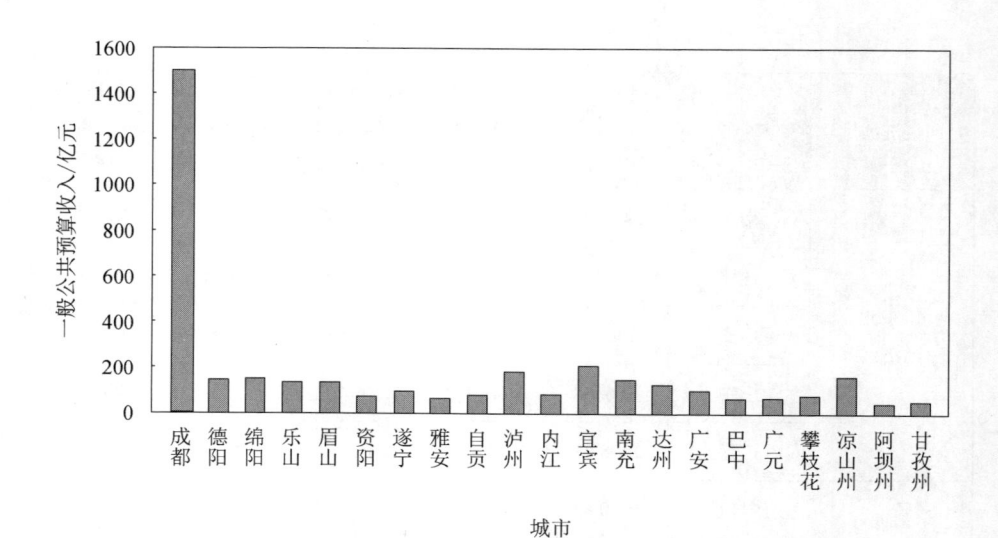

图 1-2　2020 年四川城市一般公共预算收入对比

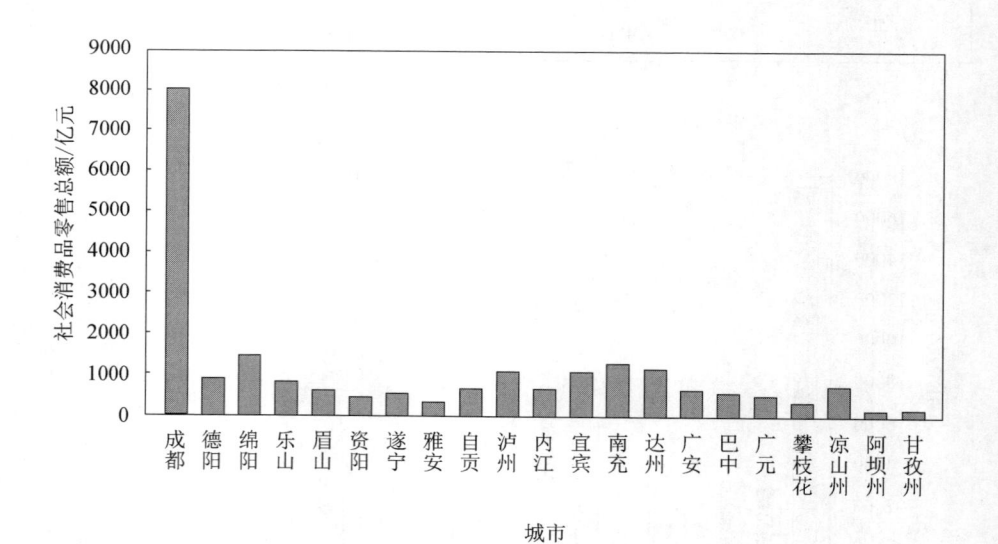

图 1-3　2020 年四川城市社会消费品零售总额对比

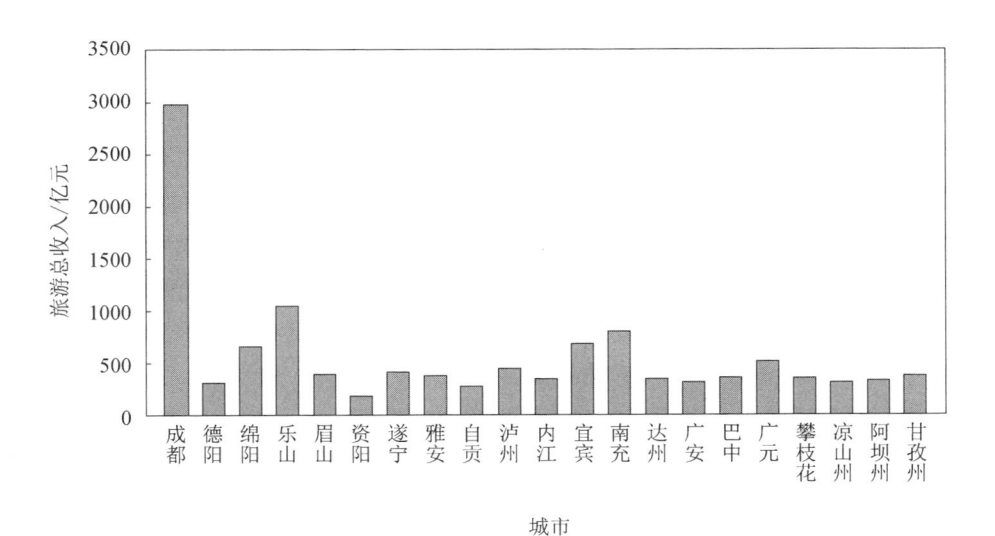

图 1-4　2020年四川城市旅游总收入对比

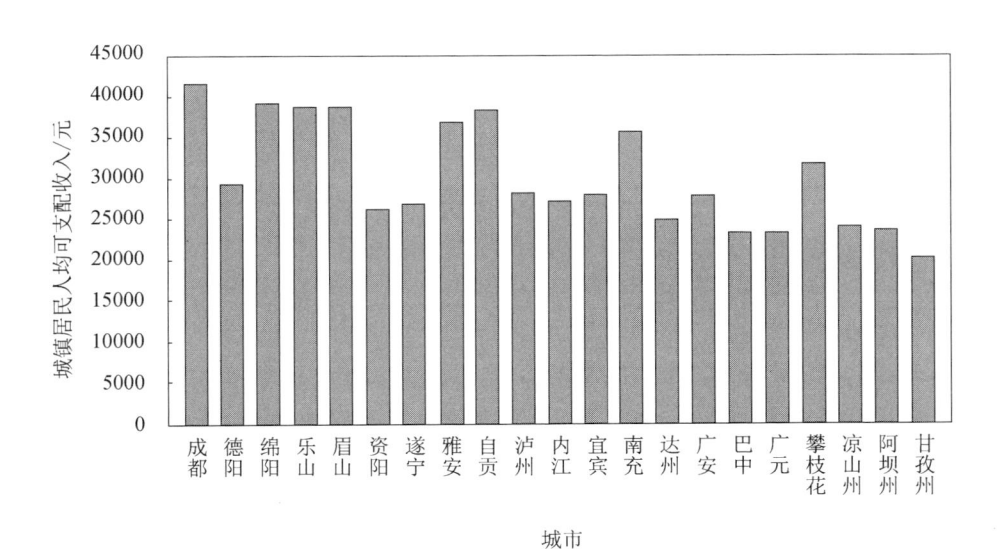

图 1-5　2020年四川城市城镇居民人均可支配收入对比

第一节　成都平原经济区城市

成都平原经济区城市包括成都、德阳、绵阳、乐山、眉山、资阳、遂宁、雅安八市，是四川省经济发展的"龙头"，与成都市形成产业联动、协同发展，主要以创新引领四川省经济和社会发展，加快产业转型与现代产业体系建设，构建全国高端制造业与现代服务业区域。

1.成都

成都地处四川盆地西部、青藏高原东缘，地理坐标介于东经102°54′~104°53′、北纬30°05′~31°26′之间，地势由西北向东南倾斜。西部属于四川盆地边缘地区，以深丘和山地为主；东部属于四川盆地盆底平原，为岷江、湔江等江河冲积而成，是成都平原的腹心地带，主要由平原、台地和部分低山丘陵组成。成都由于巨大的垂直高差，在市域内形成三分之一平原、三分之一丘陵、三分之一高山的独特地貌类型，具有"立体地理景观"的特质。

成都地处亚热带季风气候区，热量充足、雨量丰富、四季分明、雨热同期。除西北边缘部分山地以外，成都大部分地区表现出的气候特点是夏无酷暑、冬少冰雪、气候温和、夏长冬短、无霜期长、秋雨和夜雨较多、风速小、湿度大、云雾多、日照少。

成都东北与德阳、东南与资阳毗邻，南面与眉山相连，西南与雅安、西北与阿坝藏族羌族自治州（以下简称"阿坝州"）接壤。成都辖十二区、三县和五县级市，分别是锦江区、青羊区、金牛区、武侯区、成华区、龙泉驿区、青白江区、双流区、新都区、温江区、郫都区、新津区、金堂县、大邑县、蒲江县、都江堰市、彭州市、邛崃市、崇州市、简阳市，另有国家级自主创新示范区成都高新技术产业开发区，国家级新区四川天府新区成都直管区以及省级新区成都东部新区。2020年常住人口2093.78万[①]。

成都是四川省省会，是四川省政治、经济、金融、文化、教育、交通、对外交往的中心，是全国15个副省级城市之一，中国首批国家历史文化名城之一，是西南地区重要的中心城市，成渝地区双城经济圈核心城市，国家重要的物流中心与交通枢纽。

成都具有悠久而独特的历史，文化积淀极其深厚，是古蜀文明的重要发

---

① 以上参考《四川省第七次全国人口普查公报（第二号）》。

源地,"天府之国"的中心,有着世界罕见的3000年城址不迁、2500年城名不改的历史特征。公元前316年,秦灭蜀,始设蜀郡并成都县。公元前311年,郡守张若仿秦制重建城垣,为有文献记载的城市规划与建设之始,迄今已有2300多年。汉代因织锦业发达专设锦官管理,故有"锦官城""锦城"之称。五代后蜀时遍种芙蓉,故别称"芙蓉城""蓉城",简称"蓉"。1921年始设市政筹备处,1928年正式设市。

成都是首批国家历史文化名城,是全国十大古都,也是中国最佳旅游城市,都江堰、青城山、锦里、宽窄巷子、金沙遗址、武侯祠、文殊院、杜甫草堂、熊猫基地等已经成为成都知名的文化名片与符号。

2020年,在蓉高校共65所,在校学生103.9万人,其中本专科学生92.7万人、硕士研究生9.4万人、博士研究生1.7万人、专任教师5.2万人。成都拥有博物馆(含民办)159个、文化馆23个、公共图书馆23个、各类书店3650家、广播电视台18座、各类体育场馆70个[①]。

2020年,成都GDP为17716.7亿元,一般公共预算收入1520.4亿元,社会消费品零售总额8118.5亿元,旅游总收入3005.2亿元,城镇居民人均可支配收入48593元。[②]

2. 德阳

德阳1983年建市,位于成都平原东北部,地处龙门山脉向四川盆地过渡地带,地理坐标介于东经103°45′~105°15′、北纬30°31′~31°42′之间,地势西北高、东南低。市域地貌分为西北山区、中部平原、西南低山丘陵。西北部为山地垂直气候,东南部为中亚热带湿润季风气候。

德阳与成都、绵阳、遂宁、资阳、阿坝州接壤,全市总面积5911平方公里,下辖二区、一县,代管三县级市,即旌阳区、罗江区、广汉市、什邡市、绵竹市和中江县,另有国家级德阳经济技术开发区和国家级德阳高新技术产业开发区。根据第七次人口普查数据,德阳常住人口为345.6万人。

德阳距离省会成都58公里,是成渝城市群的重要节点城市,也是成都平原经济区的重要增长极。德阳因20世纪60年代开始的"三线建设"国家战略而享有"重装之都"的美誉。

德阳是中国优秀旅游城市、国家园林城市、国家森林城市、国家卫生城

---

① 以上数据来源同第4页脚注①。以下各市数据同。
② 以上数据来源于成都市人民政府网站《成都概况》中相关板块。

市、国家知识产权示范城市。德阳境内"沉睡数千年，一醒惊天下"的三星堆古蜀文明遗址，被誉为20世纪人类最伟大的考古发现之一和长江中上游地区中华古代文明的杰出代表，其出土的青铜大立人、青铜面具、青铜神树和金杖、边璋等一大批国宝级文物，均属前所未见的稀世之珍。德阳还有荡气回肠的三国文化遗踪白马关庞统祠、全国三大孔庙之一的德阳文庙、中国四大年画之一的绵竹年画、"大孝之乡"中国德孝城、"音乐活化石"仓山大乐、我国最大的现代石刻群德阳石刻艺术墙和特级英雄黄继光纪念馆。德阳集如诗如画的平畴沃野和巍峨横空的雪山森林于一身，龙门山国家地质公园等吸引着众多游人，市区旌湖两岸生态整治工程荣获"中国人居环境范例奖"。

德阳拥有普通高校12所，在校学生13.2万人；拥有公共图书馆7个，图书总藏书量127.1万册；拥有文化馆7个，综合文化站115个，广播电视台7座，博物馆11个，艺术表演团体1个，艺术表演场所1个，剧场、影剧院27个，公共体育场馆8个，幼儿体育基地2个，国家级青少年体育俱乐部13个；拥有文物保护管理机构6个，全国重点文物保护单位11处，省级文物保护单位38处，国家级非物质文化遗产名录2项，省级非物质文化遗产名录15项；拥有国家级文化产业示范基地1个，省级文化产业示范基地2个。

在"十三五"期间，德阳坚持"南融成都、北接绵阳、贯通东西、覆盖全域"，成为四川省经济发展、工业化发展、城市化发展最迅速的地区之一。根据《德阳市市域城镇体系规划和德阳市城市总体规划（2016—2030年）》，德阳区域发展战略走发展社会经济与保护生态环境的双重平衡路线，首先加快工业的转型升级，立足于装备升级、技术智能、创新驱动，建成"世界智造之都"；其次以巴蜀、三国、三星堆文化为内涵，加深文旅产业与城市建设协同，建成"国际文化名城"；再次是以成都为依托，建成"成都北部新城"，担当"成渝经济圈"经济发展的专项职能；最后是紧紧围绕乡村振兴的战略，建设"生态田园城市"。目前，成（都）德（阳）同城化战略顺利推进，德阳正全力打造成都国家中心城市北部新城，努力推动形成以成都主城区为核心，南有天府新区、北有德阳新城的"一核两中心"格局。

2020年，德阳GDP为2404.1亿元，地方一般公共预算收入132.1亿元，社会消费品零售总额851.2亿元，旅游总收入269.63亿元，城镇居民人均可支配收入39360元。①

---

① 以上参考德阳市人民政府网站《2020年德阳市国民经济和社会发展统计公报》。

3. 绵阳

绵阳位于四川盆地西北部、涪江中上游地带，属北亚热带山地湿润季风气候区，东邻广元青川县、剑阁县和南充南部县、西充县，南接遂宁射洪市、大英县，西邻德阳罗江区、中江县、绵竹市，西北与阿坝州的九寨沟县、松潘县、茂县和甘肃省陇南文县接壤。绵阳介于东经103°45′~105°43′、北纬30°42′~33°02′之间，呈西北—东南向狭长带状，江河纵横，生态环境良好，面积2.02万平方公里，2020年常住人口486.8万。

自汉高祖二年（公元前201年），西汉设置涪县以来，绵阳已有2200多年建城史，历来为州郡治所，后因城址位于绵山之南而得名"绵阳"。绵阳又有"涪城""绵州"之名，其边堆山遗址出土有4500年前新石器时代的石器和陶器，是诗仙李白以及"唐宋八大家"之一欧阳修的出生地，黄帝元妃、被称为"丝绸之母"嫘祖的故乡，治水英雄及夏王朝的缔造者大禹的诞生地。

绵阳是中国唯一的科技城、四川第二大经济体和成渝城市群区域中心城市，辖三区、五县、一市，即涪城区、游仙区、安州区、三台县、盐亭县、梓潼县、平武县、北川羌族自治县、江油市，代管四川省政府科学城办事处。另有绵阳高新区、绵阳经开区两个国家级产业园区。

绵阳素有"富乐之乡、西部硅谷"美誉，享有全国文明城市、国家卫生城市、国家森林城市、国家园林城市、国家环保模范城市、中国优秀旅游城市、全国科技进步先进市、国家知识产权示范城市、全国创业先进城市、国家新型工业化产业示范基地、国家电子商务示范城市、国家产城融合示范区、全国双拥模范城、全国人民防空先进城市等殊荣。

绵阳位于成都、重庆、西安"西三角"腹心地带，是"一带一路"和长江经济带结合部和连接线上的重要支点城市，也是成渝城市群的重要节点，距离省会城市成都98公里，距离直辖市重庆300多公里，距离陕西省省会城市西安700公里，拥有距离市中心仅8公里、四川人流量最大的支线机场——南郊机场，交通便利，具有较强的区位优势；作为四川省第二大城市和中国科技城，经济基础较好。

绵阳是我国重要的国防军工和科研生产基地，拥有中国工程物理研究院、中国空气动力研究与发展中心、中国航发四川燃气涡轮研究院等国家级科研院所18家；拥有西南科技大学等高等院校15所，在校大学生15.2万人；拥有国家级、省级重点实验室29个（含国防重点实验室），国家、省工程技术研究中心28家，国家、省企业技术中心93家，国家、省工程研究中心（工程实验室）24家，"两院"院士26名。[①]

2020年，绵阳拥有公共图书馆10个，艺术馆与文化馆（站）299个，乡镇综合文化站273个，城市社区（街道）文化中心16个，博物馆（纪念馆）15个，美术馆3个，体育场馆16个。全市公开发行报纸5种，公开发行杂志17种。

2020年，绵阳GDP为3010.08亿元，一般公共预算收入实现140.96亿元，社会消费品零售总额1394.26亿元，旅游总收入639.91亿元，城镇居民人均可支配收入39680元。[②]

4. 乐山

乐山，古称"嘉州"，位于四川省中部、四川盆地的西南部，地势西南高、东北低，地理坐标介于东经102°50′～104°30′、北纬28°25′～30°20′之间，北与眉山接壤，东与自贡、宜宾毗邻，南与凉山彝族自治州（以下简称"凉山州"）相接，西与雅安连界。乐山是大渡河、青衣江和岷江三江汇合的交汇之处，属亚热带湿润季风气候，具有四季分明的特点。

乐山市辖四区、一县级市、四县、二自治县，分别为市中区、五通桥区、沙湾区、金口河区、峨眉山市、犍为县、井研县、夹江县、沐川县、峨边彝族自治县、马边彝族自治县，2020年常住人口327万。

乐山处于南丝绸之路、长江经济带交汇点，是四川省重要工业城市、成都经济区南部区域中心城市、重要枢纽城市、成渝城市群重要交通节点和港口城市。乐山具有交通区位优势，主力打造成都平原向南的"桥头堡"。

乐山是国家历史文化名城、国家首批对外开放城市、全国绿化模范城市、中国优秀旅游城市、国家园林城市、全国卫生城市、四川省环境优美示范城市、四川省环保模范城市。乐山有世界级遗产三处，分别是世界文化与自然双重遗产峨眉山和乐山大佛、世界灌溉工程遗产东风堰。乐山是我国著名的旅游城市，旅游资源丰富，享有"天下山水之观在蜀，蜀之胜曰嘉州"的美誉，拥有国家A级景区36处，其中4A级及以上景区16处，形成了以峨眉山景区和乐山大佛两大中心围绕式的布局。

乐山拥有高等学校4所，在校大学生5.4万人；拥有群众文化馆12个、公共图书馆12个、博物馆11个、文化站218个；拥有全国重点文物保护单位12处、

[①] 以上参考中共绵阳市委、绵阳市人民政府网站《绵阳概况》。
[②] 以上参考绵阳市统计局网站《绵阳市2020年国民经济和社会发展统计公报》。

省级文物保护单位32处、市级文物保护单位82处、县级文物保护单位186处。拥有国家级非物质文化遗产4项，国家级风景名胜区3处，国家级旅游度假区1处，国家级自然保护区2处，国家湿地公园3处，国家森林公园3处，国家级地质公园、矿山公园各1处，国家水利风景区4处。全市森林覆盖率60.82%。

2020年，乐山GDP为2003.43亿元，地方一般公共预算收入120.62亿元，社会消费品零售总额748.31亿元，旅游总收入1040.3亿元，城镇居民人均可支配收入38931元。[1]

5. 眉山

眉山，古称眉州，位于四川盆地成都平原西南部、岷江中游和青衣江下游的扇形地带、成都—乐山黄金走廊中段，地理坐标介于东经102°49′~104°30′、北纬29°24′~30°16′之间，北接省会成都，南连乐山，东邻内江、资阳、自贡，西接雅安。眉山辖二区、四县，分别为东坡区、彭山区、仁寿县、洪雅县、丹棱县、青神县。另有国家级新区天府新区眉山片区，2020年常住人口295.5万。

眉山地势总体西高东低、南高北低，山峦纵横、丘陵起伏、河网密集，中部是宽阔的岷江河谷平原。全市以中亚热带湿润季风气候为主。

眉山区位优势明显，是成都平原的重要南大门，是国家级天府新区、成都经济区和大峨眉国际旅游区的重要组成部分，距离成都主城区仅70公里，距离成都双流国际机场47公里、天府国际机场40公里。

眉山人文氛围浓厚，在宋代曾是我国三大雕版印刷中心之一，享有"中国诗书城"的美誉。唐朝至清朝，眉山共有1319人考取进士，成为中国历史上著名的"进士之乡"。

眉山是国家园林城市、国家森林城市、全国文明城市、国家卫生城市；拥有"三苏故居"三苏祠、"最美桌山"瓦屋山、"长寿福地"彭祖山、"川西第一海"黑龙滩、"天然氧吧"七里坪、"东坡初恋地"中岩寺、"禅度佛国"老峨山、国际竹艺城、中国泡菜城、烟雨柳江等著名景区、景点120余处；拥有国家A级景区33处，其中4A级景区8处；拥有省级旅游度假区2处、省级生态旅游示范区1处；被评为亚太地区（二、三线城市）首选旅游目的地、中国最美生态文化旅游城市。

眉山有各类高等学校12所，在校大学生9.6万；拥有公共图书馆7个，藏

---

[1] 以上参考中共乐山市委、乐山市人民政府网站《乐山概况》。

书量45.6万册；拥有博物馆6个、文化馆7个、文化站131个、广播电视台6座。

眉山将以"一带一区一片"为基础全面对接成都和天府新区，优化眉山市域的空间布局。北部以青龙、视高为核心，高标准建设"环天府新区经济带"，打造成都、眉山同城高质量先行区。中部提升中心城区，打造"宜居宜业宜商现代城市"。南部打造"国际康养度假旅游目的地"和中国美丽乡村典范，扩大眉山的世界影响力。

2020年，眉山GDP为1423.74亿元，地方一般公共预算收入121.62亿元，社会消费品零售总额543.3亿元，旅游总收入363.15亿元，城镇居民人均可支配收入38892元。[①]

6. 资阳

资阳位于四川中部，处于沱江流域，地理坐标介于东经104°21′~105°27′、北纬29°15′~30°17′之间，地形以丘陵为主，西高东低，与内江、成都、德阳、遂宁、眉山、重庆相连，同时与成都天府新区、天府机场相连，资阳城区距离天府机场仅18公里，是四川省内唯一同时与成都、重庆相连的区域性中心城市，交通区位优势明显。2016年资阳的县级市简阳经国务院批准由成都代管。资阳辖一区、两县，分别为雁江区、安岳县、乐至县，2020年常住人口230.8万。

资阳有2000多年历史，文化底蕴深厚，古称"资州"。3.5万年前的"资阳人"开启四川人类文明发展历史篇章。资阳哺育了东周孔子之师苌弘、西汉辞赋家王褒、东汉经学家董钧等历史名人，被誉为"蜀人原乡、三贤故里"。古时资阳是成渝古驿道的交通要塞，建筑文化、宗教文化多样，有老君庙、罗汉寺、文昌宫、城隍庙、观音阁、三贤祠、龙神庙等名胜。其中，安岳县有唐宋时期摩崖石刻造像10万余尊，被命名为中国石刻艺术之乡。

资阳拥有文化馆4个、乡镇综合文化站116个，公共图书馆4个、博物馆（纪念馆）2个、影剧院9个、广播电视台3座。

2020年，资阳GDP为807.5亿元，地方一般公共预算收入53.1亿元，社会消费品零售总额377.3亿元，旅游总收入145.6亿元，城镇居民人均可支配

[①] 以上参考中共眉山市委、眉山市人民政府网站《眉山概况》及眉山市人民政府信息公开网站《2020年眉山市国民经济和社会发展统计公报》。

收入37562元。[①]

7. 遂宁

遂宁位于四川盆地中部、涪江中游，地理坐标介于东经105°03′26″~106°59′49″、北纬30°10′50″~31°10′50″之间。遂宁地形东南低西北高，属于亚热带湿润季风气候，与南充、德阳、成都、内江、资阳、绵阳、重庆相连。遂宁辖两区、两县、一地级市，分别为船山区、安居区、蓬溪县、大英县、射洪市，另有国家级经济技术开发区、河东新区、高新区三个独立核算园区。2020年常住人口281.4万。

遂宁因东晋大将桓温平蜀后，寓意"平息战乱，遂得安宁"而得名，有"东川巨邑""川中重镇""文贤之邦"之称，又别称"斗城""遂州"，有1600多年历史，孕育了陈子昂、王灼、黄峨、张鹏翮、张问陶等历史名人，是中国观音文化之乡，其始建于隋代的灵泉寺、始建于唐代的广德寺历为中国皇家禅林和观音朝觐地。遂宁还拥有中国死海、宋瓷博物馆、龙凤古镇等人文景观。

遂宁具有重要的区位优势，与成都、重庆呈等距三角，是成渝地区双城经济圈和成都平原城市群的重要组成部分。

遂宁拥有文化馆6个、文化站（中心）115个、公共图书馆6个、国家级文化产业示范基地1个、省级文化产业示范基地（园区）4个；出版地方报纸2种、期刊1种；拥有国有及民营博物馆8个、文物保护管理机构6个、全国重点文物保护单位11处、省级文物保护单位27处、市级文物保护单位39处、县级文物保护单位186处、国家级非物质文化遗产名录3项、省级非物质文化遗产名录15项；拥有国家A级旅游景区17处；拥有普通高等学校1所，在校学生1.44万人。

2020年，遂宁GDP为1403.18亿元，一般公共预算收入79.92亿元，社会消费品零售总额467.37亿元，旅游收入386.89亿元，城镇居民人均可支配收入37117元。[②]

8. 雅安

雅安位于四川省中部、四川盆地西侧、邛崃山东麓，跨四川盆地和青藏高原两大地形区，为四川盆地到青藏高原的过渡地带，地势北、西、南三面较

[①] 以上参考资阳市人民政府政务网站《资阳概况》及《资阳市2020年国民经济和社会发展统计公报》。
[②] 以上参考遂宁市人民政府网站《遂宁概况》及遂宁市统计局网站《2020年遂宁市国民经济和社会发展统计公报》。

高、中、东部低，地理坐标介于东经101°56′~103°20′、北纬28°51′~30°56′之间，属于亚热带湿润季风气候，气温垂直变化显著。雅安因为降水在夏季集中且夜雨较多，有"雨城"之称。

雅安距离成都115公里路程，全市辖区轮廓成长条形，东北边与成都相邻，东接眉山，东南边接乐山，南边接凉山州，西边接甘孜藏族自治州（以下简称"甘孜州"），北边接阿坝州。雅安辖二区、六县，分别为雨城区、名山区、荥经县、汉源县、石棉县、天全县、芦山县、宝兴县，2020年常住人口143.4万。

雅安是四川盆地与青藏高原的结合过渡地带、汉文化与少数民族文化结合过渡地带、现代中心城市与原始自然生态区的结合过渡地带，是古代南方丝绸之路的门户和必经之路，曾为民国时期的西康省省会。雅安被称为"川西咽喉""民族走廊""西藏门户"，是四川省历史文化名城和新兴的旅游城市。

雅安是中国南路边茶茶马古道的起始地。蒙顶山茶通过茶马古道输入藏区，是历代中央政府与藏族、羌族等少数民族进行茶马贸易的专用商品，成为汉族人民同藏族、羌族等各族人民增强政治、经济、文化交流的重要纽带。除茶文化外，雅安的红军文化、熊猫文化、森林文化等旅游资源还十分丰富，有蒙顶山、碧峰峡、上里古镇、牛背山等知名景区。荥经砂器烧制技艺与南路边茶制作工艺是雅安非物质文化遗产的代表。

雅安拥有高校2所、文化馆9个、文化站138个、公共图书馆9个、美术馆4个、农家书屋578个、社区书屋101个、寺庙书屋1个、博物馆(纪念馆)13个、文物保护管理机构9个。雅安还有全国重点文物保护单位11处，省级文物保护单位56处，市、县级文物保护单位163处，进入国家级非物质文化遗产名录3项，进入省级非物质文化遗产名录23项。

雅安是中国优秀旅游城市、中国特色魅力城市、中国十佳魅力城市、四川省文明城市、四川省卫生城市、四川省园林城市。

2020年，雅安GDP为754.59亿元，地方一般公共预算收入48.49亿元，社会消费品零售总额263.8亿元，实现旅游总收入342.08亿元，城镇居民人均可支配收入37191元。[①]

[①] 以上参考雅安市人民政府网站《走进雅安》及《雅安市2020年国民经济和社会发展统计公报》。

第二节　川南经济区城市

川南经济区城市包括自贡、泸州、内江、宜宾四市，地处川、滇、黔、渝交界处，具有明显的区位优势。川南经济区依托"长江黄金水道"，加快建设成为四川省重要的沿江与南向门户及全国性交通枢纽，构建世界级的白酒产业集群，积极打造四川省第二大区域发展一体化与经济增长极。

1. 自贡

自贡位于四川盆地南部，地理坐标介于东经104°02′57″~105°16′11″、北纬28°55′37″~29°38′25″之间，以丘陵地形为主，地势西北高东南低，属亚热带湿润季风气候，与眉山、内江、乐山、宜宾、泸州相连。自贡辖四区、二县，分别为自流井区、贡井区、大安区、沿滩区、荣县、富顺县，另有国家级自贡高新技术产业开发区，2020年常住人口为248.9万。

自贡"因盐设市"，"自贡"就是由"自流井"和"贡井"两个盐井名字合称而来。因此，自贡是一座以盐业为主要发展支柱的资源型城市。20世纪90年代以来，较为单一的产业结构成为限制自贡可持续发展的主要原因。

自贡还是中国重要的恐龙化石产地，被称为"恐龙之乡"，以拥有世界三大恐龙博物馆之一的自贡恐龙博物馆闻名于海内外。

食盐为百味之祖。自贡美食植根于巴蜀文化，脱胎于川菜系列。伴随着盐业经济的繁荣与发展而形成的自贡盐帮菜，成为有别于成渝两地"上河帮""下河帮"菜系的川南"小河帮"代表。自贡于2019年被评为"中国盐帮菜之乡"。

自贡自唐代以来便有新年燃灯的习俗，至清代有"狮灯场市""灯竿节"，到20世纪初又逐渐形成节日的提灯会，更有放天灯、舞龙灯、戏狮灯、闹花灯等活动，由此发展成为集地区民风民俗之大荟萃的会节。自贡灯会成为国内与哈尔滨冰灯南北交相辉映的具有代表性的灯会，也是自贡城市品牌形象的有力文化符号之一。由自贡灯会延伸出的自贡灯会产业，成为自贡乃至四川文化产业的代表，早已走出中国，活跃于世界。

自贡拥有高等院校3所，在校学生7.3万人；拥有艺术表演团体4个、博物馆4个、文化馆7个、文化站108个、文物保护单位209个、公共图书馆7个、体育场馆23个、广播电视台3座；出版报纸2种、期刊5种。

2020年，自贡GDP为1458.44亿元，地方一般公共预算收入63.45亿元，社会消费品零售总额583.37亿元，旅游总收入235.55亿元，城镇居民人均可支配收入38781元。[①]

2. 泸州

泸州位于四川省东南部，地理坐标介于东经105°09′~106°23′、北纬27°40′~29°20′之间，地势总体北低南高，属亚热带湿润气候，与四川宜宾和自贡、重庆市、贵州省、云南省相接，为川南要冲、巴蜀门户，处于川、黔、滇、渝四省市结合部"金三角"地带，地理上控扼两江（长江、沱江）两河（赤水河、永宁河），自古以来就为锁钥一方的关隘重地。泸州辖三区、四县，分别为江阳区、纳溪区、龙马潭区、泸县、合江县、叙永县、古蔺县，另有中国（四川）自由贸易试验区川南临港片区和泸州高新技术产业开发区，2020年常住人口425.4万。

泸州，古称"江阳"，别称"酒城""江城"，是川、黔、滇、渝交界处的国家区域中心城市、长江上游重要的港口城市、世界级白酒产业基地、成渝地区双城经济圈南翼中心城市、重要的商贸物流中心、四川第三大航空港，拥有丰富的水能、矿产、天然气、烟煤等资源。

泸州是国家历史文化名城，有2000多年历史，文化积淀深厚，民族风情浓郁，旅游资源富集，形成了以名酒文化、生态文化、红色文化、历史文化、长江文化为代表的五大特色旅游资源。泸州拥有国家级旅游景区32处，其中4A级旅游景区14处、3A级旅游景区8处、2A级旅游景区10处；拥有艺术表演团体221个、艺术表演场馆11个；拥有文化馆8个、公共图书馆9个、美术馆2个、体育馆7个、体育场6个、乡镇（街道）综合文化站126个、村（社区）文化室1475个；拥有国家级非物质文化遗产6项、省级非物质文化遗产51项、市级非物质文化遗产173项；拥有全国重点文物保护单位22处、省级文物保护单位58处、市级文物保护单位110处；拥有普通高校7所，在校学生7.66万人。

2020年，泸州GDP为2157.2亿元，地方一般公共预算收入170.07亿元，社会消费品零售总额1013.81亿元，旅游总收入416.29亿元，城镇居民人均可支配收入39547元。[②]

---

① 以上参考自贡市人民政府网站《自贡概况》及《自贡市2020年国民经济和社会发展统计公报》。
② 以上参考泸州市人民政府网站《泸州概况》及《泸州市2020年国民经济和社会发展统计公报》。

3. 内江

内江位于四川盆地东南部、沱江下游中段，地理坐标介于东经104°15′~105°26′、北纬29°11′~30°2′之间，地势北高南低，西边与龙泉山脉相连，主要地形为丘陵，属亚热带湿润季风气候，距离重庆与成都均为160公里左右，与重庆和泸州、自贡、眉山、资阳相连。内江辖二区、二县、一县级市，分别为市中区、东兴区、威远县、资中县、隆昌市，2020年常住人口314万。

内江，古称"汉安"；因自古以来制糖业发达，美称"甜城"；因是著名画家张大千的故乡，又被称为"大千故里"。内江是开发较早的巴蜀腹心之地，历史悠久，人文荟萃，古有"十贤"，今有"七院士"，"大千故里""书画之乡"享誉中外。

内江位居成都、重庆两大城市之间，是成渝地区双城经济圈腹心节点城市，享有"成渝之心"美誉，区位优势明显，交通便利，是国家重点交通枢纽之一、"一带一路"重要交汇点。

内江拥有高等学校5所，在校生6.12万人；拥有艺术表演团体37个、艺术表演场所7个、文化馆6个、乡镇（街道）文化综合服务中心83个；拥有博物馆5个、文物保护管理机构5个、全国重点文物保护单位7处、省级文物保护单位42处、市级文物保护单位26处、县级文物保护单位117处；拥有国家级非物质文化遗产名录项目1项、省级非物质文化遗产名录项目16项；拥有公共图书馆6个、市级广播电台1座、市级电视台1座、县级广播电视台3座、乡镇广播站70个。

内江旅游资源丰富，拥有川中第一禅林"圣水寺"、中国的石牌坊之乡隆昌、全中国唯一拥有站立孔子雕像的资中文庙、圣灵山大溶洞等。

2020年，内江GDP为1465.88亿元，地方一般公共预算收入66.34亿元，社会消费品零售总额558.93亿元，旅游总收入311亿元，城镇居民人均可支配收入38337元。[①]

4. 宜宾

宜宾位于四川省南部，是川、滇、黔三省结合处，金沙江、岷江、长江汇流地带，地理坐标介于东经103°36′~105°21′、北纬27°50′~29°16′之间，

[①] 以上参考内江市人民政府网站《内江概况》及内江市统计局网站《2020年内江市国民经济和社会发展统计公报》。

地形整体呈西南高东北低态势，属中亚热带湿润季风气候，与四川泸州、凉山州、乐山、自贡以及云南昭通相接。宜宾辖三区、七县，分别为翠屏区、南溪区、叙州区、江安县、长宁县、高县、珙县、筠连县、兴文县、屏山县，另有国家级临港经济技术开发区，2020年常住人口458.8万。

宜宾是四川省向南开放的重要通道，也是以铁（路）、公（路）、水（运）、空（运）四位一体区域门户型城市。因金沙江与岷江在宜宾市内交汇成长江，故宜宾也有"万里长江第一城"的称号，是"长江黄金水道"与"丝绸之路"的重要节点，是向南与向东出川的重要大通道。

宜宾文化底蕴深厚，有2200年建城史、4000年酿酒史、3000年种茶史，是国家历史文化名城，历代名人辈出，养育了李硕勋、赵一曼、余泽鸿等无数革命先烈和阳翰笙、唐君毅等文坛大师，积聚了多姿多彩的长江文化、酒文化、僰苗文化、哪吒文化、抗战文化、民俗风情文化，拥有世界级、国家级、省级风景名胜34处。

宜宾拥有各类高等学校13所（含异地办学高校），在校生6.29万人；有文化系统内馆办艺术团5个、艺术表演场所3个、公共图书馆11个、文化馆11个、综合文化站186个；拥有博物馆14个、文物保护管理机构12个、全国重点文物保护单位17处、省级文物保护单位49处；拥有国家级非物质文化遗产名录4项、省级非物质文化遗产名录29项；拥有广播电视台10座。

2020年，宜宾GDP为2802.12亿元，地方一般公共预算收入200.03亿元，社会消费品零售总额1027亿元，旅游总收入669.9亿元，城镇居民人均可支配收入39166元。[①]

第三节　川东北经济区城市

川东北经济区城市包括南充、达州、广安、巴中、广元五市，是四川省"双核三带"的空间布局，"双核"为南充与达州为该经济区中心，"三带"为南（充）达（州）、广（元）巴（中）达（州）、嘉陵江三条发展带。

[①] 以上参考宜宾市人民政府网站《走进宜宾·宜宾市情》及《宜宾市2020年国民经济和社会发展统计公报》。

1. 南充

南充位于四川省东北部、嘉陵江中游，地理坐标介于东经105°27′~106°58′、北纬30°35′~31°51′之间，属中亚热带湿润季风气候，是四川典型的丘陵地区城市。南充与达州、广安、遂宁、绵阳、广元、巴中相连，辖三区、五县、一县级市，分别为顺庆区、高坪区、嘉陵区、南部县、营山县、蓬安县、仪陇县、西充县、阆中市，2020年常住人口560.7万。

南充历史悠久，因处于古充国南部而得名，素有"水果之乡""丝绸之都"的美誉。南充是三国文化和春节文化的发祥地，民风淳朴，民俗优雅，三国文化、丝绸文化、红色文化和嘉陵江文化交融生辉。南充不仅川北大木偶、川北灯戏、川北剪纸、川北皮影饮誉中外，还孕育了辞赋大家司马相如、史学大家陈寿、天文历法巨匠落下闳和忠义大将军纪信等众多历史名人。南充是川陕革命根据地的重要组成部分，朱德元帅、罗瑞卿大将、民主革命家张澜以及共产主义战士张思德均诞生于此，在这里，有5万多英雄儿女参加红军。

南充是中国优秀旅游城市、国家园林城市、全国清洁能源示范城市，国家规划确定的成渝经济区北部中心城市、成渝城市群区域中心城市，拥有国家5A级旅游景区2处、4A级旅游景区6处。阆中古城为中国四大古城之一，2009年获评国际最佳旅游度假胜地。

南充拥有普通高校7所，在校生9.1万人；拥有文化馆10个，文化站424个，公共图书馆10个，博物馆8个，文物保护管理机构20个，全国重点文物保护单位18处，省级文物保护单位119处，市、县级文物保护单位500处；拥有国家级非物质文化遗产6项，省级非物质文化遗产29项；拥有广播电视台7座；出版地方报纸5种、期刊4种。

2020年，南充GDP为2401.08亿元，一般公共预算收入133.9亿元，社会消费品零售总额1217.6亿元，旅游总收入785.3亿元，城镇居民人均可支配收入36057元。[①]

2. 达州

达州地处四川省东北部、大巴山南麓，地理坐标介于东经106°39′45″~108°32′11″、北纬30°19′40″~32°20′15″之间，地貌山、丘、谷、坝俱全，以

---

① 以上参考南充市人民政府网站《市情概览》及《2020年南充市国民经济和社会发展统计公报》。

中低山和丘陵地貌为主，地势东北高西南低。达州在中国南北气候的分界线上，属亚热带湿润季风气候类型。

达州区位独特，交通便捷，地处川、渝、鄂、陕四省市结合部和长江上游成渝经济带，与巴中、南充、广安接壤。达州辖二区、四县，代管一县级市，即通川区、达川区、宣汉县、开江县、大竹县、渠县、万源市，2020年常住人口538.5万。

达州历史悠久，人杰地灵，有1900多年的建城历史。达州曾是4000多年前古代巴人繁衍生息的沃土，其媲美三星堆的罗家坝巴人文化遗址，见证了古代巴人文明的辉煌历史。达州汉阙存量占全国汉阙总量的四分之一，是全国最大的汉阙群。达州是川陕革命根据地的重要组成部分，是秦巴地区重要的商贸与物资集散中心，历史上被称为"通州"。

达州是四川省卫生城市、四川省环保模范城市、四川省园林城市、四川省森林城市和四川省旅游标准化示范市。达州拥有国家4A级旅游景区3处、国家级自然保护区1处、国家级地质公园1处、国家级森林公园3处；拥有普通高等学校3所，在校生33899人；拥有文化馆8个、文化站200个；拥有博物馆6个、剧场4个、影剧院31个、公共图书馆8个。

2020年，达州GDP为2117.8亿元，地方公共财政收入112.33亿元，社会消费品零售总额1085.01亿元，旅游总收入302.58亿元，城镇居民人均可支配收入36001元。[①]

3. 广安

广安位于四川省东北部，地理坐标介于东经105°56′~107°19′、北纬30°01′~30°52′之间，地形呈扇形分布于川东丘陵与平行岭谷两大地形区之间，处于四川盆地盆底逐步向盆周延伸地带。广安地势总体东高西低，中西部为丘陵区，属中亚热带湿润季风气候区，与达州、重庆、南充接壤，辖二区、三县、一县级市，分别为广安区、前锋区、岳池县、武胜县、邻水县、华蓥市，2020年常住人口为325.4万。

广安历史悠久，自北宋开宝二年（969年）取"广土安辑"之意设广安军，后历朝历代均在此建府设州置县，"广安"之名沿袭至今。

广安是改革开放与社会主义现代化建设总设计师邓小平的故里，是四川红色旅游的龙头和全国红色旅游的重要目的地，被纳入全国12个"重点

---

① 以上参考达州市人民政府网站《达州概况》及《达州市2020年国民经济和社会发展统计公报》。

红色旅游区"和30条红色旅游精品线路。广安的邓小平同志故居、邓小平故居陈列馆和华蓥山游击队遗址被列为全国重点打造的100个"红色旅游经典景区"。

广安充分发挥紧邻重庆的区位优势，加快建设川渝合作示范城市和构建川东渝北区域综合交通枢纽，全面推进与重庆一体化发展，建成重庆主城空间拓展区、重大产业配套区、农副产品供应区、休闲度假"后花园"，成为川渝合作发展先导区。

广安是中国优秀旅游城市，拥有国家5A级旅游景区1处、国家4A级旅游景区7处、省级旅游度假区2处、省级生态旅游示范区1处。依托得天独厚的旅游资源，广安正着力打造邓小平故里和华蓥山两大红色旅游品牌，成为世人缅怀世纪伟人、追寻中国改革开放和现代化建设历程的重要旅游目的地，四川红色旅游国际形象展示窗口。

广安拥有高等学校1所，在校生16747人；拥有广播电视台5个、广播电视站2个；拥有公共图书馆7个、影剧院21个、博物馆（展览馆）4个、文化馆7个、乡镇(街道)综合文化站179个。

2020年，广安GDP为1301.6亿元，地方公共财政收入86亿元，社会消费品零售总额549.4亿元，旅游总收入277.86亿元，城镇居民人均可支配收入为38071元。①

4.巴中

巴中位于四川盆地东北部，地处大巴山系米仓山南麓，中国秦岭—淮河南北分界线以南，地理坐标介于东经106°20′~107°49′、北纬31°15′~32°45′之间，以丘陵山地为主，属典型的盆周山区，地势北高南低，由北向南倾斜，属亚热带湿润季风气候。巴中与四川达州、南充、广元和陕西汉中相连，辖二区、三县，分别为巴州区、恩阳区、通江县、南江县、平昌县，2020年常住人口为271.2万。

巴中历史悠久，文化底蕴深厚，巴人文化、秦汉文化、三国文化、隋唐文化、红色文化、民俗文化交相辉映。

巴中是国家卫生城市和国家森林城市，拥有世界地质公园和国家级风景名胜区1处、国家森林公园4处、国家水利风景区4处、国家5A级旅游景区1

---

① 以上参考广安市人民政府网站《广安概况》及《2020年广安市国民经济和社会发展统计公报》。

处、国家4A级旅游景区21处；拥有全国最大的红军烈士陵园、红军石刻标语群和将帅碑林；拥有全国重点文物保护单位7处88点、省级文物保护单位90处123点、市级文物保护单位70处、县级文物保护单位285处。巴中的非物质文化遗产保护项目涵盖了10个大类的所有项目，其中国家级非物质文化遗产2处、省级非物质文化遗产14处，"巴山茅山歌"入列中国四大情歌之一。巴中拥有国家级历史文化名镇2个、省级历史文化名城2个、省级历史文化名村2个、国家级民间文化艺术之乡3个、省级民间文化艺术之乡10个、国家级传统村落27个、省级传统村落99个。

巴中拥有高等学校1所，在校生11364人；拥有公共图书馆6个、体育馆7个、文化馆（站）208个、书店327个、影剧院16个、艺术表演团体72个、文艺表演场所145个、群众文化设施建设面积46.83万平方米；拥有广播电视台6个，出版地方报纸3种；拥有博物馆11个、文物保护管理机构7个、有体育馆7个。

2020年，巴中GDP为766.99亿元，地方一般公共预算收入48.4亿元，社会消费品零售总额482亿元，旅游总收入328亿元，城镇居民人均可支配收入35821元。[①]

5.广元

广元位于四川省北部，处于米仓山、龙门山和盆北低山三大地貌交汇地带，北部山区高，南部丘陵较低，地理坐标介于东经104°36′~106°45′、北纬31°31′~32°56′之间，处于山地向盆地过渡地带，为亚热带湿润季风气候，北与甘肃和陕西两省交界，南与南充为邻，西与绵阳相连，东与巴中接壤。广元辖三区、四县，分别为利州区、昭化区、朝天区、旺苍县、青川县、剑阁县、苍溪县，另有国家级经济技术开发区广元经济技术开发区，2020年常住人口为230.5万。

广元历史悠久，古称"利州"，有2300多年的城历史，是先秦古栈道文化和中国蜀道文化的集中展现地，是三国历史文化的核心走廊，是中国封建时代杰出的女政治家、中国历史上唯一的女皇帝武则天的出生地，是川陕苏区的核心区域之一、川陕苏区的后期首府地，是红四方面军西部战争的主战场和红四方面军长征出发地。

---

① 以上参考巴中市人民政府网站《巴中概况》及《2020年巴中市国民经济和社会发展统计公报》。

广元文化旅游资源富集。广元拥有剑门蜀道、唐家河2处世界级旅游资源，国家级文旅资源和品牌162个，省级文旅资源和品牌201个；拥有全国重点文物保护单位8处、国家级非物质文化遗产4项、国家级历史文化名镇1处、国家级风景名胜区3处、国家级自然保护区2处、国家森林公园3处、国家地质公园1处、国家湿地公园2处、国家水利风景区1处、全国红色旅游经典景区5处；拥有国家A级旅游景区47处，其中5A级旅游景区1处、4A级旅游景区21处；拥有国家生态旅游示范区1处、省级生态旅游示范区6处、省级旅游度假区6处；拥有全国休闲农业与乡村旅游示范县和示范点各1个。

广元是国家森林城市、国家园林城市；拥有高等学校5所，在校生2.37万人；拥有国有艺术表演团1个、文化馆8个、乡镇综合文化站163个、博物馆（纪念馆）12个、公共图书馆8个；拥有广播电视台5个；出版地方报纸3种。

2020年，广元GDP为1008.01亿元，地方一般公共预算收入52.62亿元，社会消费品零售总额419.24亿元，旅游总收入484.38亿元，城镇居民人均可支配收入35740元。[①]

第四节 攀西经济区城市

攀西经济区包括攀枝花与凉山州，拥有得天独厚的水能、钒钛、稀土等资源，形成了初步的工业基础和交通网的主骨架，是四川省经济发展的潜力区。攀西经济区重点围绕优势资源开发，大力发展以水电为代表的能源产业，以钒、钛、稀土为代表的新材料，以轨梁、管材和板材为代表的精品钢材，以早熟蔬菜、亚热带水果、花卉和中药材为代表的特色农产品，积极发展"阳光旅游"和康养产业，逐步建成中国重要的能源、新材料、精品钢材和亚热带农业基地。

1. 攀枝花

攀枝花位于四川省西南和云南省西北结合部，金沙江与雅砻江交汇于此，东面、北面与凉山州的会理、德昌、盐源三县接壤，西面、南面与云南省的

---

① 以上参考广元市人民政府网站《印象广元》及《2020年广元市国民经济和社会发展统计公报》。

宁蒗、华坪、永仁三县交界，地理坐标介于东经101°08′~102°15′、北纬26°05′~27°21′之间，属于攀西裂谷中南段，地势地貌较为复杂。攀枝花属南亚热带干热河谷气候，拥有特别适宜人类休养生息的海拔高度、温度和湿度，年日照时数达2700小时，无霜期达300天以上，年均气温20.3℃，森林覆盖率达61.99%。攀枝花是全国唯一以花命名的城市，享有"花是一座城，城是一朵花"的美誉，是四川省向云南省以及东南亚地区的重要通道。攀枝花辖三区、二县，分别是东区、西区、仁和区、米易县、盐边县，辖区内少数民族数量达42个，2020年常住人口121.4万。

攀枝花是一座因国家三线建设而生的城市。1965年2月，攀枝花特区（后更名为"渡口市"）作为新中国首批资源开发特区正式成立，拉开了攀枝花开发建设的大幕。1987年1月，原渡口市正式更名为攀枝花市。攀枝花是国家三线建设的成功典范，与全国其他三线建设地区共同孕育出了"艰苦创业、无私奉献、团结协作、勇于创新"的"三线精神"。

攀枝花自然资源丰富，有"富甲天下的聚宝盆"之称，矿产、水能、有色金属、非金属等资源极其丰富，还被誉为"钒钛之都"。此外，攀枝花有五十多种国家重点保护野生动物，拥有世界纬度最高、面积最大的原始苏铁林，是四川唯一的亚热带水果生产基地，被纳入国家现代农业示范区、全国立体农业示范点和"南菜北调"基地。攀枝花大力发展全域化布局、全龄化服务、全时段开发的康养产业，在全国率先发布康养产业地方标准，创办国内首家康养学院，成为中国康养产业发展论坛固定会址，建成米易县城、普达阳光、红格运动太阳湖、迤沙拉古村落等一大批康养品牌项目。攀枝花冬日暖阳、夏季清凉，成功进入全国呼吸环境十佳城市、中国康养城市排行榜50强、中国城市宜居竞争力排行榜50强等，成为首批国家医养结合试点城市。

攀枝花紧紧围绕四川省委对攀枝花发展提出的"建设攀西国家战略资源创新开发试验区、现代农业示范基地和国际阳光康养旅游目的地"以及"建设川西南、滇西北区域中心城市和四川南向开放门户"的"3+2"定位要求，大力传承弘扬"三线精神"，推动攀枝花市域、川西南滇西北区域、国内国际"三个圈层"联动发展，加快建设现代化区域中心城市。

攀枝花拥有普通高等学校3所，在校生25785人；拥有博物馆（展览馆）4个、文化（艺术）馆6个、文化站61个、影剧院6个、公共图书馆6个、乡镇广播电视站39个；拥有体育场（馆）28个、各级体育社会团体59个、全民健身路径759条、社会体育指导站273个。

2020年，攀枝花GDP为1040.82亿元，地方一般公共预算收入68.25亿元，社会消费品零售总额235.15亿元，旅游总收入313.91亿元，城镇居民人均可支配收入44209元。①

2. 凉山州

凉山州首府为西昌，位于四川省西南部，地理坐标介于东经100°03′～103°52′、北纬26°03′～29°18′之间，北起大渡河与雅安、甘孜州接壤，南至金沙江与云南省相望，东临云南昭通和四川宜宾、乐山，西连甘孜州，地势西北高、东南低、北部高、南部低，属亚热带季风气候区。凉山州辖二县级市、十五县，分别为西昌市、会理市、木里藏族自治县、盐源县、德昌县、会东县、宁南县、普格县、布拖县、金阳县、昭觉县、喜德县、冕宁县、越西县、甘洛县、美姑县、雷波县，2020年常住人口为485.8万。

凉山州自古就是通往祖国西南边陲的重要通道，是古代"南方丝绸之路"和"茶马古道"必经之地。历史上许多著名人物（如西汉司马迁、蜀汉诸葛亮、元世祖忽必烈、明朝著名旅行家徐霞客、意大利著名旅行家马可·波罗）都曾在凉山州游历、活动。1935年，中国工农红军长征过凉山，发生巧渡金沙江、会理会议、彝海结盟等重大历史事件。

凉山州作为全国最大的彝族聚居区以及四川省三个少数民族自治州之一，拥有历史悠久的少数民族文化。凉山州旅游资源丰富，自然文化、红色文化、民俗文化、遗产文化灿烂夺目；拥有代表性景区景点160多处，有A级旅游景区51处（其中，国家4A级旅游景区14处、3A级旅游景区34处、2A级旅游景区3处）；拥有国家级旅游度假区1处、国家级生态旅游示范区1处、国家级湿地公园2处、国家级自然保护区1处、国家级水利风景区2处、省级旅游度假区4处、省级生态旅游示范区4处。西昌邛海是首批国家级旅游度假区之一，邛海湿地是全国最大的城市生态保护湿地、重点建设的国家湿地公园之一。

凉山州拥有高等学校1所，在校学生20121人；拥有艺术表演团体1个、公共图书馆18个、文化馆18个、乡镇文化站473个、博物馆7个、文物保护机构17个。出版地方报纸彝、汉文版3种，地方杂志彝、汉文版2种；拥有彝族漆器传统技艺等18项国家级非物质文化遗产。

---

① 以上参考攀枝花市人民政府网站《市情概况》及攀枝花市统计局网站《攀枝花市2020年国民经济和社会发展统计公报》。

2020年，凉山州GDP为1733.15亿，地方一般公共预算收入160.3亿元，社会消费品零售总额678.2亿元，旅游总收入275亿元，城镇居民人均可支配收入34636元。①

第五节 川西北生态示范区城市

川西北生态示范区包括阿坝州与甘孜州，是我国长江与黄河上游极其重要的生态安全防线。依托这一区域特殊的自然与文化资源和发展基础，川西北生态示范区正着力打造国家生态文明建设示范区、国际生态文化旅游目的地、现代高原特色农牧业基地、国家重要清洁能源基地、全国重点生态功能区生态保护和高质量发展的典范。

1.阿坝州

阿坝州位于四川省西北部，地处青藏高原东南缘，在横断山脉北端与川西北高山峡谷的结合部，地理坐标介于东经100°0′~104°7′、北纬30°5′~34°9′之间，处于四川、甘肃、青海三省结合部。全州地貌以高原和高山峡谷为主。长江上游主要支流岷江、大渡河纵贯阿坝州，是黄河流经四川省唯一的地区，是黄河上游的重要水源地。阿坝州气温自东南向西北并随海拔由低到高而相应降低，西北部的丘状高原属大陆高原性气候；山原地带为温凉半湿润气候；高山峡谷地带随着海拔高度变化，气候从亚热带到温带、寒温带、寒带，呈明显的垂直性差异。阿坝州与甘孜州、雅安、成都、德阳、绵阳相连，2019年被国家民族宗教委员会命名为"全国民族团结进步示范州"。阿坝州辖一县级市、十二县，分别为马尔康市、汶川县、理县、茂县、松潘县、九寨沟县、金川县、小金县、黑水县、壤塘县、阿坝县、若尔盖县、红原县，2020年常住人口82.2万。

阿坝州历史悠久，在其茂县营盘山出土的文物与马家窑文化、三星堆文化有着密切的联系，被称为营盘山文化。古蜀蚕丛时代曾建都于蚕陵（今茂县叠溪）。公元前316年，秦国在岷江上游东岸设置湔氐道，管理岷江流域诸民族事务。千百年来，我国古代的氐羌诸部、鲜卑、吐蕃、汉、回等民族用

---

① 以上参考凉山彝族自治州人民政府网站《五彩凉山》及凉山统计局网站《凉山州2020国民经济和社会发展统计公报》。

辛勤的劳动和无穷的智慧共同开发了阿坝州。他们在这里互相融合，共同进步，逐步构成这块土地的主要民族：藏、羌、回、汉，为缔造祖国的历史和文化谱写了绚丽的篇章。20世纪30年代初，人类军事史上最具英雄主义的长途远征——中国工农红军长征在阿坝州经历了极为艰苦、危险的一段行军，召开了11次中共中央政治局会议，翻越了8座海拔4000米以上的雪山，走过了人迹罕至的水草地，建立了少数民族最早的革命政权之一，即格勒德沙共和国中央革命政府，创造了惊天动地的人间奇迹，阿坝州因此被称为"雪山草地"。

阿坝州是旅游胜地，包括众多高密度、高品位的世界级旅游资源，拥有国家级风景名胜区3处，分别为九寨沟风景名胜区、黄龙风景名胜区、四姑娘山风景名胜区；拥有省级风景名胜区7处，分别为卡龙沟—达古冰川省级风景名胜区、叠溪—松坪沟省级风景名胜区、米亚罗省级风景名胜区、三江省级风景名胜区、九鼎山—文镇沟大峡谷省级风景名胜区、草坡省级风景名胜区卡龙沟、桃坪羌寨省级风景名胜区；拥有世界自然遗产地3处，分别为九寨沟风景名胜区、黄龙风景名胜区和四川卧龙大熊猫栖息地。拥有国家级自然保护区6处、省级自然保护区10处、州级自然保护区5处、县级自然保护区4处；拥有5A级旅游景区3处、4A级旅游景区24处；拥有羌笛演奏及制作技艺、卡斯达温舞、川西藏族山歌、羌族瓦尔俄足节等19项国家非物质文化遗产名录；拥有羌族羊皮鼓舞、博巴森根、羌绣传统刺绣工艺、藏历年、觉囊梵音等73项省级非物质文化遗产名录；还有以马尔康为主的嘉绒藏族文化和地处川西北草原的安多藏族风情以及多点分布的以红军长征历史为代表的红色文化。"十三五"期间，以建设国家全域旅游示范区为契机，阿坝州共创建茂县中国古羌城、理县鹧鸪山、九寨沟县嫩恩桑措等国家4A级旅游景区14处，若尔盖县花湖、九寨沟县甲勿海等省级生态旅游示范区6处，以及天府旅游名县2处、国家3A级旅游景区17处、文旅特色小镇3处、州级旅游度假区30处。

阿坝州拥有普通高等院校2所，在校生12621人；拥有文化馆14个、文化站174个、博物馆（纪念馆）9个、公共图书馆14个、农家书屋1354个、广播电视台14座。

2020年，阿坝州GDP为411.75亿元，一般公共预算收入28.73亿元，社会消费品零售总额96.81亿元，旅游总收入301.14亿元，城镇居民人均可支配收入37011元。①

2. 甘孜州

甘孜州位于四川省西部、青藏高原东南缘，地理坐标介于东经97°22′~102°29′、北纬27°58′~34°20′之间，东连四川阿坝州和雅安，南与四川凉山州、云南迪庆交界，西隔金沙江与西藏昌都相望，北与四川阿坝、青海玉树和果洛相邻，属青藏高原气候，随高差呈明显的气候垂直分布。甘孜辖一县级市、十七县，分别为康定市、泸定县、丹巴县、九龙县、雅江县、道孚县、炉霍县、甘孜县、新龙县、德格县、白玉县、石渠县、色达县、理塘县、巴塘县、乡城县、稻城县、得荣县，2020年常住人口为110.7万。

甘孜州俗称"康巴地区"或"康区"，是中国第二大藏区康巴的主体和腹心地带，是连接西北和西南的"咽喉"、民族大融合的"走廊"、藏汉贸易的主要集散地和茶马互市的中心，是康巴文化的核心区。

甘孜州自然与人文底蕴深厚，藏族文化、民俗文化、宗教文化、康巴文化、古道文化、红色文化等特色鲜明、交相辉映。康定情歌家喻户晓，吸引着海内外游客前往。木格措、贡嘎山、泸定桥、海螺沟、稻城亚丁、理塘丁真等都成为甘孜州重要的文化符号。

甘孜州拥有高等院校1所，在校生9552人；拥有文化系统内艺术表演团体23个、艺术表演场所14个、公共图书馆19个、文化馆19个、文化站289个、博物馆6个、文物管理所18个；拥有全国重点文物保护单位18处、省级文物保护单位81处、州（县）级文化保护单位205处；拥有广播电视台20座。

2020年，甘孜州GDP为410.61亿元，地方一般公共预算收入40.11亿元，社会消费品零售总额114.31亿元，旅游收入341.28亿元，城镇居民人均可支配收入36521元。②

---

① 以上参考阿坝藏族羌族自治州人民政府网站《阿坝概况》及《阿坝藏族羌族自治州2020年国民经济和社会发展统计公报》。
② 以上参考甘孜藏族自治州人民政府网站《甘孜概况》及《甘孜藏族自治州2020年国民经济和社会发展统计公报》。

第二章

四川城市文化竞争力的核心要素及相关指标

文化是什么？城市文化又是什么？由此衍生出来的城市文化竞争力是什么含义？有何核心要素与关键指标？目前学界对这些问题，并没有一致的意见。本书参考中外一些学者的观点，结合四川城市的实际，尝试对四川城市文化竞争力的核心要素和相关指标作出设计。

第一节 文化与城市文化

一、文化的定义

古今中外，对文化的理解与表达，不尽相同。

《辞海》对文化有这样的定义："从广义来说，指人类社会历史实践过程中所创造的物质财富和精神财富的总和。从狭义来说，指社会的意识形态，以及与之相适应的制度和组织机构。文化是一种历史现象，每一社会都有与其相适应的文化，并随着社会物质生产的发展而发展。作为意识形态的文化，是一定社会的政治和经济的反映，又给予巨大的影响和作用于一定社会的政治和经济。在有阶级社会中，它具有阶级性。随着民族的产生和发展，文化具有民族性，通过民族的形式发展，形成民族的传统。文化的发展具有历史的连续性，社会物质生产发展的历史连续性是文化历史连续性的基础。"[1]

也就是说，文化一般具有广义与狭义之分，所以，《中国大百科全书》（社会学卷）解释"文化"为："广义的文化是指人类创造的一切物质产品和精神产品的总和。狭义的文化专指语言、文学、艺术及一切意识形态在内的

---

[1] 辞海编辑委员会.辞海：文化体育分册[M].上海：上海辞书出版社，1981：1.

精神产品。"①《中国大百科全书》（哲学卷）又说："广义的文化总括人类的物质生产和精神生产的能力、物质的和精神的全部产品。狭义的文化指精神生产能力和精神产品，包括一切社会意识形式，有时又专指教育、科学、文学、艺术、卫生、体育等方面的知识和设施，以与世界观、政治思想、道德等意识形态相区别。"②

英国人类学家爱德华·伯内特·泰勒（Edward Burnett Tylor）在其《原始文化》中这样定义文化："文化，或文明，就其广泛的民族学意义来说，是包括全部的知识、信仰、艺术、道德、法律、风俗以及作为社会成员的人所掌握和接受的任何其他的才能和习惯的复合体。"③

泰勒的说法虽然将"文化"侧重在精神与民俗等方面，但实际上知识、艺术乃至风俗，除含有精神层面外，还含有物质层面、制度层面、行为层面等。

不妨将目光聚焦到中国古代。中华古圣先贤对"文"的理解，大约就是《说文解字》所说的"错画也。象交文"。④在中国古圣先贤看来，世界有"三文"，即天文、地文、人文。天上的日月星辰云霞就是天之文，地上的山峦水泽植物，就是地之文。那人之文是什么？人之文即是人的各类创造与创化，包括物质层面、精神层面、制度层面和行为层面。而"化"，则是化育、教化之义。所以，《周易·贲卦·象传》云："观乎天文，以察时变；观乎人文，以化成天下。"⑤冯天瑜先生就从器用层面、观念层面、制度层面、行为层面四个维度解析"文化"。就器用层面而言，"它是人类物质生产方式和产品的总和，是整个文化大厦的物质基石"。就观念层面而言，"即人类在社会实践和意识活动中氤氲化育出来的价值取向、审美情趣、思维方式，凝聚为文化的精神内核"。就制度层面而言，"即人类在社会实践中建构的各种社会规范、典章制度"。就行为层面而言，"即人类在交往中约定俗成的习惯定势，以礼俗、民俗、风俗形态出现的行为模式"。⑥

---

① 中国大百科全书总编辑委员会.中国大百科全书：社会学卷[M].北京：中国大百科全书出版社，1991：409.
② 中国大百科全书总编辑委员会.中国大百科全书：哲学卷[M].北京：中国大百科全书出版社，1987：924.
③ 泰勒.原始文化[M].连树声，译.南宁：广西师范大学出版社，2005：2.
④ 许慎.说文解字[M].陶生魁，点校.北京：中华书局，2020：286.
⑤ 陈鼓应，赵建伟.周易今注今译[M].北京：商务印书馆，2005：212.
⑥ 冯天瑜.中国文化史纲[M].北京：北京语言大学出版社，1994：2.

可见，"文化"是一个复合概念。从最宽泛的概念来说，"文化"伴随人类而生，具有与人类共时性、共通性的特质。换言之，凡有人类活动的地方，都有"文化存在"。人类所有的生存与生活，无不是一种"文化"的体现。"文化"既可以被看见，如各种创造与创意，也可能看不见——它有时潜藏在人的心里，变成一种思维、一种心理，一种潜意识。总之，"文化"是与人有关的各种物质、精神、制度、行为的客观存在。"文化"与人有关，而人又因为地域、人种、民族等的差异，而将文化表现为不同的类型，由此，形成诸如中华文化、希腊文化、罗马文化、印度文化、巴比伦文化等的差异与类别。

二、城市文化的定义

城市是人类文明的"标志"，它由最初的群体性聚居演变而来，经历了聚落、城邑、城市等不同阶段。今天人们所看到的"城市"，是历史时间与空间的汇聚。

首先，城市是有时间的，也就是经历了不同的历史长河，有一个逐渐发生、发展的过程。其次，城市是有空间的。没有空间，就没有城市的存在。事实上，每一座城市，都经历了空间的不断扩容，也就是城市由小到大。

从另一个维度讲，城市是人类文明的"具象"与"载体"。诚如美国著名城市文化学者刘易斯·芒福德在《城市文化》中引用格迪斯和布兰福德的话说："总括而言，城市又成为人类文明的象征和标志——人类文明正是由一座座富有个性的具体城市构成的。"[1]

城市既然是人类的聚居之地，那一定要有聚居所必须的物质条件，如房屋建筑、街道、交通工具、购物场所、精神寄托场所、教育场所、娱乐场所、体育锻炼场所、物质生产场所以及生活所必须的水、电、燃料、废弃物处理等设施设备。在这些所有聚合的条件之中，经济基础是城市的物质基石，而文化则是贯穿城市的灵魂所在。

没有经济作基础，城市可能就是一座"死城"；而没有文化浸润，城市同样可能是一座"死城"。

的确，经济是城市的骨骼，文化则是城市的血脉与血液。城市要发展显

---

[1] 芒福德.城市文化[M].宋俊岭，李翔宇，周鸣浩，译.郑时龄，校.北京：中国建筑工业出版社，2009：5.

然离不开经济的繁荣。但如果只有经济的繁荣，而没有文化的滋养，城市可能就是一座人间"炼狱"，因为没有文化的城市，是乱象丛生的城市，是充满暴力、黑暗、欺诈的城市，是精神委顿、信仰垮塌、看不到光明与未来的城市。

那什么是城市文化？城市文化究竟包括哪些面向？

这同样是一个十分宏大的课题。一般而言，一座城市的文化不是短时间形成的，也不是由哪一些独立的人形成的，自然也不是表现为某一单独的领域。客观地说，一座城市的文化是由一座城市的自然、历史、地理、民族、政治、宗教、经济、教育、民俗等综合因素构成的。

不妨来看看中外学者的相关论述。刘易斯·芒福德在《城市文化》一书的导言中曾这样描绘城市和城市所孕育出来的城市文化："城市——诚如人们从历史上所观察到的那样——就是人类社会权力和历史文化所形成的一种最大限度的汇聚体。在城市这种地方，人类社会生活散射出来的一条条互不相同的光束，以及它所焕发出来的光彩，都会在这里汇聚聚焦，最终凝聚成人类社会中种种关系的总和：它既是神圣精神世界——庙宇的所在，又是世俗物质世界——市场的所在；它既是法庭的所在，又是研求知识的科学团体的所在。城市这个环境可以促使人类文明化育出有生命（viable）含义的符号和象征，化育出人类的各种行为模式，化育出有序化的体制、制度。城市这个环境可以集中展现人类文明的全部重要含义；同样，城市这个环境，也让各民族各时期的时令庆典和仪节活动，绽放成为一幕幕栩栩如生的历史事件和戏剧性场面，映现出一个全新的而又有自主意识的人类社会。"[①]

刘易斯·芒福德认为："城市是一座座巨大的铸模，多少人终生的经验积累都在其中冷却着、凝结着，又通过艺术手段被赋予永恒的形式……在城市环境中，时间变得可以看得见、摸得着。建筑物、纪念碑以及公共要道、大街小巷，样样都比书写的文字记载更加公开而真实，样样都比乡村里分散的人工物更容易被大众观察到、注意到。"[②]事实上也是，城市既然有历史，它就是历史的见证者："城市又是记述人类这种共同生活方式和这种有利环境条件下所产生的一致性的一种象征符号。所以，如同人类所创造的语言本身一

---

① 芒福德.城市文化[M].宋俊岭，李翔宇，周鸣浩，译.郑时龄，校.北京：中国建筑工业出版社，2009：1.
② 芒福德.城市文化[M].宋俊岭，李翔宇，周鸣浩，译.郑时龄，校.北京：中国建筑工业出版社，2009：2.

样，城市也是人类最了不起的艺术创造。"[1]这种艺术创造，在刘易斯·芒福德看来，正是"城市体现了自然环境人化以及人文遗产自然化的最大限度的可能性；城市赋予前者（自然环境）以人文形态，而又以永恒的、集体形态使得后者（人文遗产）物化或者外化。"[2]

英国社会学家迈克·费瑟斯通（Mike Featherstone）在《消费文化与后现代主义》中这样阐释城市文化："城市总是有自己的文化，它们创造了别具一格的文化产品、人文景观、建筑及独特的生活方式。甚至我们可以带着文化主义的腔调说，城市中的那些空间构形、建筑物的布局设计，本身恰恰是具有文化符号的表现。"[3]

任致远在《解读城市文化》中这样阐释他心目中的城市与城市文化："城市是人类文化发展的产物和人类缔造的有形有色的巨大成果，经过历史的陶冶和智慧的集成以及时代的进步，已经成为国家和地区政治、经济、文化、社会发展的中心，具有了国民经济和社会发展的主导地位和关键作用。"[4]任致远在该书中还提到："（城市文化）它以城市为载体和表现形式，展示人们的理想追求和生活愿望及其各种实践活动与不断创造的文化财富，是思想智慧、思维方式、价值取向、伦理道德、生活样式、行为规范、信仰习俗和审美观念的体现，通过城市空间拓展变化和创造人们各种活动的有利条件以及形象特色、生态文明和景观风貌表现出来，代表着一个民族、地区、国家发展的最高成就和文化意识，成为集大成的文化辉煌，成为影响国民经济和社会发展的文化力量。"[5]

朱柏林根据城市发展的特征，认为城市文化是指城市发展过程中的形态文化、经济文化、社会文化、精神文化四个方面。其中，形态文化指地理区位生态特点、城市规划布局、建筑特色、标志性建筑、重要历史文化遗产等。经济文化指生产力布局、产业结构特色、经济资源优势、经济组织和经济制度等。社会文化指城市人口族群状态、社会结构、社会关系、社会组织、政治制度和法律制度等。精神文化是指哲学、宗教、道德、文艺和社会心

---

[1] 芒福德.城市文化[M].宋俊岭，李翔宇，周鸣浩，译.郑时龄，校.北京：中国建筑工业出版社，2009：4.
[2] 芒福德.城市文化[M].宋俊岭，李翔宇，周鸣浩，译.郑时龄，校.北京：中国建筑工业出版社，2009：5.
[3] 费瑟斯通.消费文化与后现代主义[M].刘精明，译.南京：译林出版社，2000：139.
[4][5] 任致远.解读城市文化[M].北京：中国电力出版社，2015：序言2.

理等①。

　　《城市文化简论》一书在论述城市文化的内容时说："城市既传承历史文明，又承载现代文明。城市在长期的发展中，经过积累、沉淀、改造和创新，必然形成特有的城市文化，并成为生成和支撑城市发展的内在力量。在城市中，文化被收集起来，放置在博物馆、图书馆、画廊，在剧场、音乐厅、戏院演绎着，并进行再加工，制成影音像成品，形成次生文化成果，变成系列化、规模化、批量化的文化产品，进入市场供人们消费和欣赏……城市文化不仅仅是指城市的文化基础设施、人的知识水平、受教育程度等，还包括人们在这个城市的社会实践中所创造的物质财富和精神财富的总和。当我们将城市文化区别于城市的政治、经济活动加以论述时，城市文化不仅包括城市建筑、雕塑、广场、公园、体育设施、历史文物、自然景观、文化传播网络等物质层面所体现的文化内容，还包括人们在城市的工作、生活中所创造的哲学、宗教、文化、艺术、科技、风俗等精神产品和精神生产能力，以及人们在城市生活中所表现出的思想观念、思维模式和生活方式。"②

　　由上述所论可见，城市是将自然进行人化的再造，而人化的自然——城市，又被赋予人的印记。那些经年累月的建筑、街道，以及相沿成习的典制、典礼和民俗等，无一不是这座城市的文化记忆与文化符号。由此来看，城市的形成和发展必然要产生城市的文化，城市文化又通过城市的规划、建筑物以及人们的审美与习俗等形式物化表现出来。城市就是一种具有群体性的生产与生活方式，它能够把人的生物本能需求和各种社会功能需求艺术地糅合到具有一定时间与空间交汇的文化模式之中。城市的发展自然形成城市的文化，同时城市的文化又反哺城市的发展——在这种相互的促进中，一座城市的文化逐渐变得具有一定的独立性、独特性乃至不可替代性。

　　所以，每一座城市都有自己的文化："城市文化作为依托城市载体形成的共同思想、价值观念、城市精神、行为规范，是一座城市最深刻的特质，也是城市可持续发展的内在动力，是城市的灵魂所在。"③

　　可以说，城市文化在城市发展的时间维度中凝练、积淀，又在城市发展的空间维度中展示、展陈与展现。城市文化既是城市的一种象征，也是城市文明、进步与实力的体现。

---

① 朱柏林.近代洪江城市文化初探[J].湖南社会科学，2005（3）：173-177.
② 朱瑾，王军.城市文化简论[M].北京：中国建筑工业出版社，2020：6-7.
③ 范周.中国城市文化竞争力研究报告：2016[M].北京：知识产权出版社，2017：1.

第二节 城市竞争力与城市文化竞争力

一、城市竞争力的定义

城市竞争力，顾名思义，应是一座城市所拥有的竞争力。那么，哪些要素构成了城市的竞争力？

应该说，这是一个没有标准答案的问题。在不同的学者看来，一座城市的竞争力是由不同的要素构成的。

倪鹏飞认为："城市竞争力主要是指一个城市在竞争和发展过程中与其他城市相比较所具有的吸引、争夺、拥有、控制和转化资源，争夺、占领和控制市场，以创造价值，为其居民提供福利的能力。"[1]由此，倪鹏飞建立了"城市竞争力概念框架"：城市竞争力=f（硬分力、软分力），其中，硬分力=劳动力+资本力+科技力+设施力+区位力+环境力+聚集力，软分力=秩序力+文化力+制度力+管理力+开放力。倪鹏飞将硬要素比作弓，把软要素比作弦，把城市产业比作箭，它们相互作用就形成城市竞争力[2]。

与倪鹏飞观点相近的是《中国城市文化竞争力研究报告》所持的观点："城市竞争力是指以城市为竞争主体，涵盖城市自然地理、历史人文、经济建设、制度管理、社会文化等相关方面的发展能力。"[3]

也有一些学者强调城市的竞争力主要体现在某些"方面"，如城市的生产率。美国学者迈克尔·波特就认为："在国家层面上，'竞争力'的唯一意义就是国家生产力。"以此出发，推及城市的竞争力，则是指城市创造财富、提高收入的能力[4]。

有的学者认为，城市竞争力应是与其他城市相比较，所具有的抗衡乃至超越现实和潜在竞争对手，以此获取持久的竞争优势的一种城市合力[5]。

有的学者强调，城市的竞争力在于城市自己所能提供的要素与资源配置的能力："城市通过提供自然的、经济的、文化的和制度的环境，聚集、吸收和利用各种促进经济和社会发展的文明要素的能力，并最终表现为比其他城

---

[1] 倪鹏飞.中国城市竞争力理论研究与实证分析[M].北京：中国经济出版社，2001：1.
[2] 倪鹏飞.中国城市竞争力理论研究与实证分析[M].北京：中国经济出版社，2001：3.
[3] 范周.中国城市文化竞争力研究报告：2016[M].北京：知识产权出版社，2017：9.
[4] 波特.国家竞争优势[M].李明轩，邱如美，译.北京：中信出版社，2012：6.
[5] 连玉明.中国城市蓝皮书[M].北京：中国时代经济出版社，2003：37.

市具有更强、更为持续的发展能力和发展趋势。"[1]

但是，一个城市要有竞争力，客观来讲，不取决于单一的某个方面（除非是单独论述某一领域的竞争力），而是综合要素的竞争与比拼，由此显出城市之间的竞争力高下。对此，已有不少学者有类似的认识。如李永强认为，城市竞争力是城市利用其现有资源集聚力、产品供应力、价值创造力和可持续发展力的系统合力。[2]赵德兴认为，城市竞争力是城市的经济、政治、社会、文化、资源与环境等诸多竞争力共同作用的结果。[3]

事实上，城市的发展就是一种城市竞争的结果，其强度就表现为"力"。发展得好的城市，一定是城市竞争力强的城市；反之，城市竞争力强的城市，一定会发展得好。这是两个同频共振的问题。

二、城市文化竞争力的定义

顾名思义，城市文化竞争力是有关城市文化方面的竞争力，它应该是综合的城市竞争力的一个分领域，是众多城市竞争力一级指标中的一级。

道理固然如此，但问题随之而来：城市文化竞争力体现在哪些方面？换言之，城市文化竞争力包括哪些维度或者说要素？

有的学者认为："一个区域的文化竞争力是由构成区域文化的各要素共同作用的结果，除了决定着一个区域的现实文化竞争力状况，也影响着区域的竞争潜力。决定区域文化竞争力的因素主要有经济实力、国际化程度、公共文化设施、传媒、文化资源与文化产业、人力资源与创新、文化消费、生活质量等，这些因素共同构成区域文化竞争力的有机整体。"[4]

成晓军把城市文化竞争力以城市文化的五大要素进行分类，即理念文化、行为文化、产业文化、人文景观文化和天然景观文化，提出城市文化竞争力的中心在于一个城市的理念文化，城市文化竞争力就是一个城市以理念文化（时代精神、人文精神）所展现出来的核心价值观、城市的本质、城市的精神[5]。还有学者认为，城市文化竞争力在于"一种精神生产力"，强调城市

---

[1] 徐康宁.论城市竞争与城市竞争力[J].南京社会科学，2002（5）：1-6.
[2] 李永强.城市竞争力评价的结构方程模型研究[M].成都：西南财经大学出版社，2001：97.
[3] 赵德兴.城市文化竞争力指标体系研究[J].南京社会科学，2006（6）：20-25.
[4] 叶皓.关于提升南京文化竞争力的思考[J].南京社会科学，2008（3）：121-128.
[5] 成晓军.惠州城市文化竞争力问题的几点思考[J].惠州学院学报，2006（1）：78-82.

"获取资源，并推动该地区可持续发展，提升城市形象和知名度的独特能力。"[1]

有的学者强调，城市文化竞争力在于一种比较与竞争的优势："（城市）在文化资源要素流动过程中，所具有的抗衡甚至超越现实的和潜在的竞争对手，以获取持久的竞争优势，最终实现城市文化价值的能力。"[2]

必须看到城市文化竞争力是由诸多要素构成，只有构成城市文化的要素间的协调发展，才能提升城市文化和城市竞争力。所以，有学者这样提到，城市文化竞争力体现在一个城市的物质和精神活动两方面。有形要素和无形要素的相互作用与有机结合，形成了城市文化竞争力的基本内涵[3]。

综括而言，一个城市的文化竞争力，一定要包含文化服务、文化产业、文化资源、文化发展、文化活跃、文化经济、文化管理、文化形象、文化生产等要素。这些要素彼此牵连，相互作用，共同构成一个城市的文化竞争力，同时，也展现该城市的文化精神风貌和城市品位。

三、城市文化竞争力的特征

城市文化是城市的精神象征，彰显城市形象。城市文化对外可以推广城市形象与城市品位，同时决定一个城市的形象定位。城市文化对内则影响着公众的价值观念、思考方式，同时还以道德等方式规范着公众的行为，使整个城市朝着积极健康的方向发展。

1.差异性与共通性

"十里不同风，百里不同俗，千里不同情"，就是在描述风土人情因地域等因素的影响而出现的差异。距离越远，差异性也越大。城市本身是从乡村发展演变而来的，其承载着这片土地上所积淀的历史文化。因地理位置、生活方式等因素不同，造就了人们不同的思维方式。而不同的城市文化是在城市发展中进行自身演变，并与其他文化相融合而形成的具有相对独特性的文化品质与文化风貌。城市文化受其他文化的影响，在发展过程中吸纳其他文

---

[1] 李向民.城市文化竞争力及其评价指标[M]//叶取源，王永章，陈昕.中国文化产业评论：第8卷.上海：上海人民出版社，2008：42.
[2] 赵德兴，陈友华，李惠芬，等.城市文化竞争力指标体系研究[J].南京社会科学，2006（6）：20-25.
[3] 秦瑞英.基于因子分析法的广州城市文化竞争力比较研究[J].开发研究，2013（4）：149-151.

化的精粹，并结合自身文化的优势进行融合发展，从而形成新的城市文化。但在新的城市文化中还是能发现其他城市文化的影子，所以在不同的城市文化中存在着差异性和共通性。换言之，一个城市的文化，既有属于自己个性的一面，也有与其他城市相通相融的一面。没有一座城市的文化只有个性而无共性。

2.继承性与创新性

城市文化的形成、发展都是不断延续的。城市文化的形成源自于地域，发展于历史。地域与历史的结合，使城市文化得以辉煌。城市文化在漫长历史文化的长河中大浪淘沙，在多文化融合中"去其糟粕，取其精华"。城市文化的发展史是不断运动、不断更新的，但总有一部分精华会留存下来，而这部分精华会被后人所继承。城市文化的特性依赖于对不同文化的继承与舍弃，且不可复制，这正是城市竞争力的核心要素。迈克尔·波特曾在《国家竞争优势》中写道："国家的竞争力是社会、经济结构、价值观、文化、制度政策等多个因素综合作用下创造和维持的。"[1]文化在城市竞争力中的核心地位也是不可动摇的。城市文化的发展不能只依靠对之前的城市文化进行继承，更为重要的是对城市文化进行创新，并加以利用。城市文化的不断创新，为城市的发展提供源源不断的动力。任何一个城市缺乏创新将停滞不前。任何一个城市文化缺乏创新，文化将如死水一潭，缺乏生机。

3.开放性与包容性

城市文化不断发展的原因是不同文化的相互交流、相互融合。开放性和包容性是一个城市与生俱来的特性。城市文化的独特性吸引着其他城市。多文化的交流促进文化的融合，文化的融合促进文化的繁荣，文化的繁荣反过来又促进文化的进一步交流。因而一个开放城市的城市文化将越来越好，而封闭城市的城市文化发展可能会受限制而停滞不前。城市文化的开放程度决定了一个城市未来的发展上限。城市因受教育程度、收入等因素影响，自然而然形成了不同的社会阶层。美国芝加哥城市研究专家罗伯特·E.帕克指出："大城市从来就是各种民族、各种文化相互混合、作用的大熔炉。城市就是这种生动的、潜移默化的相互作用的中心。新的种族、新的文化、新的社会形

---

[1] 波特.国家竞争优势：上[M].李明轩，邱如美，译.北京：中信出版社，2012：116.

态又从这些相互作用中产生出来。"[1]城市文化的包容性很大程度上决定了多文化的融合与繁荣。城市文化的包容性使得文化具有多样性，同时也使来自不同地域、有不同文化背景的人在城市中进行文化交流、各抒己见。

4.社会性与个体性

城市文化既属于个人也属于社会。城市文化的形成，是众多个体文化汇聚而成的，其源头是个体。众多个体文化汇聚而成的城市文化构成了一个整体的城市文化系统，从而属于社会。城市文化形成的最终目的是服务于全社会，服务于个人。个人在输出文化的同时也在不知不觉中输入文化，且多数输入远大于输出。城市与城市之间通过文化的输入与输出，达到文化交流的目的，从而服务于社会。利用城市文化的某些要素生产出一系列精神产品、物质产品来服务社会，也更加印证了城市文化的社会性。

四、城市文化竞争力与城市竞争力的关系

文化是城市的灵魂与精神标识。城市文化竞争力既是城市竞争力的一种折射，也是城市竞争力的一种力量渊源；而城市竞争力又为城市文化竞争力提供了必要的保障。两者之间是正关联的关系，即你中有我、我中有你。

1.城市文化竞争力是城市竞争力的折射

一座综合竞争力靠前的城市，它的文化竞争力不会太差，因为文化竞争力是城市综合竞争力的有机组成部分，并且是相当重要的组成部分。同理，一座城市的文化竞争力靠前，它的城市综合竞争力也不会太差。文化有较强竞争力，说明城市的精神风貌、文化品位、文化服务、文化教育、文化生产、文化产业等众多要素是充满活力的，这自然是城市竞争力的一种折射，而且这种折射更能体现城市的活力，更能展示城市未来可持续发展的动能与效能。一座有良好城市品位与精神的城市，对内对外都具有较强的亲和力、亲善力，市民的幸福感、获得感一定是强的，给外来人员也会留下美好的印象，城市的投资环境与发展规划也会有很强的吸引力。

---

[1] 帕克,伯吉斯,麦肯齐.城市社会学：芝加哥学派城市研究[M].宋俊岭,郑也夫,译.北京：商务印书馆，2012：40.

2.城市文化竞争力是城市竞争力的一种力量渊源

城市的竞争力,除了政策、资源、区位交通、产业基础等实力之外,文化方面的实力也至关重要。不妨设想一下,一座城市,它的城市形象非常糟糕:城市管理混乱,城市精神坍塌,市民素质与素养很差;城市教育不仅风气不好,且层次与效果极差;城市虽然有数量可观的文化遗产或自然遗产,但旅游管理混乱,旅游市场坑蒙拐骗盛行,游客来一次批评一次,且到处给该城市作负面的宣传,整个城市口碑极差。对于这样的城市,生活于其中的市民,完全没有幸福感、获得感可言,甚至会怨声载道,给外来的游客、商人等也留下非常糟糕的印象。由此可知,这座城市的对外形象已被破坏,要想吸引游客、吸引投资商,困难可想而知。与之相反,一座城市有良好的精神风貌,市民的素质高,城市的文化形象与品位有良好的口碑,这座城市的文化竞争力一定有助于整个城市竞争力的提升。换言之,对城市而言,良好的教育是生产力,丰富的文化遗产与充满活力的旅游市场也是生产力;城市良好的对外形象是生产力,城市高素质的市民与高品位的城市风貌也是生产力;城市丰富的文化产品与文化供给是生产力,城市活跃的文化活动与科学规范的文化管理也是生产力。这些文化生产力叠加在一起,自然构成了城市综合竞争力的磅礴力量源泉。

3.城市竞争力为城市文化竞争力提供必要的保障

文化被称为"软实力"。这个"软实力"既需要"硬实力"的支撑,也需要反哺"硬实力"。毋庸讳言,城市文化的发展不能仅仅停留在喊口号、发文件上,更需要投入——特别是人力、财力、物力的投入。城市的文化管理需要高素质的人才,城市文化产业的发展需要高素质的专业人才的带动。高素质的人力资源需要由城市引进、培养和扶持——这是需要资金的。另外,大量的城市公共文化基础设施与公共文化服务,都需要大量的资金投入。虽然这些投入可以通过政策的引导,实施多元化的投资主体,但政府不可能完全作壁上观。文化生产、文化传播、文化教育、城市精神的塑造与城市形象的美化等,都需要政府财力的支持。即使是文化产业与文化旅游这样具有企业化的文化发展,政府在政策引导之外,也需要提供必要的产业扶持与前期基础设施等方面的建设。凡此种种,都说明城市文化竞争力的提升,需要城市综合竞争力为其提供必要的保障。换言之,城市文化竞争力与城市竞争力之间,可以做到"同频共振,相向前行",一同进入良性的循环发展轨道。

第三节 四川城市文化竞争力的核心要素及其指标体系

城市文化竞争力有它的构成要素。综合国内外有关城市文化竞争力的相关论述，本书提出了自己的分析模式。

一、构建四川城市文化竞争力评价指标体系的目的与原则

（一）构建四川城市文化竞争力评价指标体系的目的

衡量城市文化的竞争力水平总要有一定的指标体系，这些指标体系对检验城市文化发展的现状和未来规划有相当的指导意义。

第一，构建四川城市文化竞争力指标体系是检验四川城市文化发展现状的重要参考。四川城市文化发展的水平需要有一定的指标体系对其予以衡量。本指标体系兼顾宏观与微观、客观与主观、定量与定性等因素，能够较大程度反映四川城市文化发展的基础、现状、潜力，揭示四川城市文化发展的规律，且通过这种对竞争力的比较，可以发现各个城市文化发展的政策与实际效果之间的差异，及时掌握城市文化发展的进程，及时监测城市文化发展的不良因素与负面影响。

第二，构建四川城市文化竞争力指标体系可以为四川城市文化未来的发展提供方向引领。虽然城市文化竞争力指标没有全球、全国乃至全省统一的标准，但通过本书所构建的指标体系，在相当大程度上能反映一个城市文化发展的概貌，包括文化发展的经济基础、资源基础、人才基础、政策基础、管理基础、服务基础、创意基础、创造基础、创新基础、生产基础、形象基础等。这些基础无论从哪一个角度而言，都是构成一个城市的文化的核心要素。各个城市对照这些核心要素，对标对表，能找出自己的相对优势、明显不足和未来发展的方向。如果各个城市的政府在制定相关发展规划和具体的政策措施时，能够将这些核心要素作为重要发展依据和考核指标，必定能在不太长的时间里，实现城市文化的跨越发展，极大提升城市文化的"软实力"，进而切实提升整个城市的"硬实力"。

（二）构建四川城市文化竞争力评价指标体系的原则

第一，科学性。构成城市文化竞争力的指标体系有很多。本书依循国内外相关理论及实践，结合四川城市具体实情设计，并确定相应权重及具体比例，力争做到评价指标与评价结果的科学性。

第二，客观性。本城市文化竞争力指标体系以国内外有关城市文化竞争力的指标为参照，立足于四川具体省情，不针对某一城市特殊市情，不迁就照顾，力争做到客观公正。

第三，系统性。城市是人类文明的重要载体，也是复合载体。构成城市文化的元素是多维的。用于衡量城市文化的竞争力的不是某个单一的指标，而是多种核心要素的集合。这些核心要素指向不同，但最关键的是都以城市文化发展为圆心。它们彼此相对独立，又相互联系，共同构成衡量一个城市文化发展的指标体系。本书既非采用广义的泛文化观，也非采用狭义的小文化观，而是选取具有代表性的城市文化维度，可称之为中义的城市文化观。它涉及城市的基础设施建设、经济发展水平、文明水准、文化资源禀赋、文脉传承、文化服务、产业状况、城市形象、城市影响等，能够较为客观系统地展示一个城市的文化的先天基础、发展现状及未来预期，进而从一个集合的维度展示一个城市的文化竞争力。

第四，可操作性。首先，用于衡量城市文化的各级各类指标，要具有明显的可比性，不具有可比性的指标，就没有比较的必要。其次，评价体系中的各级各类指标，要能够通过调研与查阅相关文献获取，如果不能获取，比较就失去了意义。所以，本书所列四川城市文化竞争力评价指标体系具有相对统一的口径。

第五，适度的前瞻性。衡量城市文化的竞争力，不能仅仅停留于当下。换言之，城市文化在发展，衡量指标体系也要有一定的前瞻性，才能起到应有的促进作用。本书所构建的四川城市文化竞争力评价指标体系便是立足当下，适度考虑未来城市发展的大势与可能的走向，兼顾静态与动态的需要。

第六，实用性。衡量城市发展的指标很多，对城市文化发展而言，也是较为繁杂的。究竟哪些是关键指标？关键指标中哪些是要重点参考的子要素？虽然学界并无统一的标准，但本书所列四川城市文化竞争力评价指标体系，尽可能选取有代表性、有针对性、有一定显示度的指标予以适当的量化，这样的取舍便于化繁为简，便于城市政府及其相关部门在实际工作中追踪稽查、考核考量。

二、四川城市文化竞争力评价指标体系的构成

四川城市文化竞争力评价指标体系的构成如表2-1所示。

表2-1　四川城市文化竞争力评价指标体系项目名称与权重

一级指标	一级权重	二级指标	二级权重
A1文化服务要素	15%	B1公共文化设施与公共文化服务	40%
		B2文化总投入及人均投入	40%
		B3群众文化活动的数量与质量	20%
A2文化产业要素	15%	B4文化产业数量	10%
		B5文化产业园区数量	10%
		B6文化产业总产值	20%
		B7文化产业GDP占比	30%
		B8文化产业品牌	20%
		B9文化产业影响力	10%
A3文化资源要素	10%	B10历史文化遗产数量	20%
		B11重点文物保护单位数量	20%
		B12A级旅游景区数量	20%
		B13历史文化名村名镇及特色小镇数量	10%
		B14教育资源数量与质量	20%
		B15文化人才数量	10%
A4文化发展要素	10%	B16文化创意	30%
		B17文化创新	30%
		B18文脉传承	30%
		B19文化发展预期	10%

续表

一级指标	一级权重	二级指标	二级权重
A5文化活跃要素	10%	B20文化交流	30%
		B21节庆活动	20%
		B22文化消费	30%
		B23文化区域辐射影响力	20%
A6文化经济要素	10%	B24GDP	20%
		B25人均GDP	20%
		B26财政总收入	20%
		B27人均财政收入	20%
		B28城乡居民收入	20%
A7文化管理要素	10%	B29文化规划	20%
		B30文化政策	20%
		B31文化制度	20%
		B32文化保障	20%
		B33文化执行力	20%
A8文化形象要素	10%	B34城市文化口碑	20%
		B35城市文化传播	10%
		B36城市亲和力	10%
		B37城市包容性	10%
		B38城市居民幸福感	20%
		B39城市文明度	30%
A9文化生产要素	10%	B40文学创作	40%
		B41艺术创作	60%

城市文化竞争力指标数据计算方法如下：

根据公式 $y = \sum_{i=1}^{n} \alpha_i x_i$ 对各级指标进行求和。其中，y 表示城市文化竞争力综合指标数据；α 表示各项指标对应的权重；x 表示体系中的各项指标要素。

对二级指标数据进行加权求和得到一级指标数据，再根据一级指标数据对应的权重进行加权求和得到综合指标数据，即城市文化竞争力综合指标数据。

三、四川城市文化竞争力评价指标体系的数据采集与释义

（一）数据采集的原则

整个评估体系遵循客观、科学的原则，相关数据采集也坚持这一原则。

（二）数据来源

数据均来自于政府官方网站、统计年鉴、统计公报、行业相关网站、互联网公开资料、调研与座谈、信息上报等。

（三）指标体系释义

1. 文化服务要素

就城市文化而言，文化服务主要体现在政府、企事业单位为市民提供的各种文化方面的无偿与有偿的服务，包括各种公共文化设施及其提供的公共文化服务和开展的相关文化活动、政府的文化总投入及人均投入、群众的文化活动的数量与质量等。这一指标，考核的是城市的文化投入、城市的文化设施发展状况、城市群众享有的文化活动的水平。对一个城市而言，诸如图书馆、博物馆、美术馆、群众艺术馆、文化馆、大剧院、体育馆、体育中心、艺术中心等，实际上是醒目的城市文化地标，需要政府的大手笔投入，同时，也能给市民提供良好的文化享受场所。依托这些场馆和中心开展的各类文化活动，是城市文化服务与城市文化水平的体现。而在这些显性的文化供给的背后，是政府对文化的总投入及其人均投入——它们不仅能够反映政府对文化的重视程度，而且在客观上也体现了一个城市的文化是否具备有竞争力的财政保障。

本一级指标主要从公共文化设施与公共文化服务、文化总投入及人均投入、群众文化活动的数量与质量三个维度对城市的文化服务要素进行考核评估。

2.文化产业要素

英国的大卫·赫斯蒙德夫认为："如果我们将文化定义为'社会秩序得以传播、再造、体验及探索的一个必要（虽然并非唯一）的表意系统（signifying system）'的话，'文化产业'这一术语的使用就要比上面所说的要严谨得多。简言之，文化产业通常指的是与社会意义的生产（the production of social meaning）最直接相关的机构（主要指营利性公司，但是也包括国家组织和非营利组织）。因此，几乎所有关于文化产业的定义都应该包括电视（包括有线电视和无线电视）、无线电广播、电影、书报刊出版、音乐的录制与出版产业、广告以及表演艺术等。而所有这些的首要目标是与受众沟通并创作文本。"[1]虽然世界上有关"文化产业"的定义很多，但其所包含的内容存在较大差异。例如，以美国为代表的"北美行业分类系统"，其列入服务业的文化产业包括娱乐业与电子传媒业、印刷业与出版业、旅行与旅游产业。这三大类中还包含了若干小类，如旅行与旅游业就包括30个小部门，如旅游服务的各种运输、住宿、饮食、旅行社、会议与展览、国家公园、海滩、博物馆与历史遗址等。[2]而以欧盟为代表的文化产业分类系统又与北美的系统有相当的差异，其文化产业包括三层含义：一是基于意义内容的生产活动；二是指从艺术创作到销售的传统与现代艺术和文化诸领域；三是对文化产品进行制作和传播的行业。[3]我国对文化产业的定义又与北美、欧盟不同。大体说来，我国的文化产业的概念是指"为社会公众提供文化、娱乐产品和服务的活动，以及与这些活动有关联的活动的集合"。依据这一界定，文化及相关产业的范围包括提供文化产品（如图书、音像制品等）、文化传播服务（如广播电视、文艺演出、博物馆等）和文化休闲娱乐（如游览景区服务、室内娱乐活动、休闲健身娱乐活动等）的活动。此外，还包括与文化产品、文化传播服务、文化休闲娱乐活动有直接关联的用品、设备的生产和销售活动以及相关文化产品（如工艺品、文创产品等）的生产和销售活动。[4]

本一级指标主要依据中国对文化产业的界定，从四川城市文化产业发展的实际情况出发，以文化产业数量、文化产业园区数量、文化产业总产值、

---

[1] 赫斯蒙德夫.文化产业[M].3版.张菲娜，译.北京：中国人民大学出版社，2016：17.
[2] 赵力平.城市文化建设[M].北京：中国社会科学出版社，2005：163.
[3] 赵力平.城市文化建设[M].北京：中国社会科学出版社，2005：164.
[4] 赵力平.城市文化建设[M].北京：中国社会科学出版社，2005：166.

文化产业GDP占比、文化产业品牌、文化产业影响力（在省及全国的）等六个维度对城市的文化产业要素进行考核评估。

3.文化资源要素

目前学界对文化资源的界定并无统一的标准。顾名思义，文化资源应当是有关文化的资源，而这些资源是构成城市文化竞争力的有机组成部分。从产业角度而言，有人认为："文化资源是指那些具有文化内涵，能够对其进行资本投资并直接带来经济效益的生产性资产。"[1]事实上，并不是所有的文化资源都能直接带来经济效益。文化资源实际上是一个城市的文化"家底"，它在相当大程度上决定了这个城市的文化厚度、文化宽度、文化深度，甚至文化高度。也就是说，文化资源是文化发展的动力来源，因为"巧妇难为无米之炊"。换言之，城市文化资源深厚的城市，城市文化的竞争力会更强。如果拥有深厚的文化资源，却不对这些资源进行很好的利用、开发、转换，那么文化资源也仅仅是文化资源而已，无法转化成文化品牌、文化资产、文化资本，也就无法支撑文化的竞争力，相反，有时还可能成为包袱与累赘。有的城市虽然以文化遗产为代表的文化资源不富集，但它们特别会"无中生有"，文化经营与文化开发的理念很先进，文化教育与文化人才很有实力，因此，能够将总体文化资源的劣势转化为竞争与发展优势，成为文化发达城市和文化竞争力强市。这种现象的存在是因为就文化发展而言，教育与人才是非常重要的因素。如前所引《周易·贲卦·彖传》，文化最早的含义实际上就是教育，即所谓的"以文（典籍文化）教化（百姓）"。对城市来说，教育无疑是城市文化的基石，这当中，基础教育促进城市健康发展，高等教育引领城市文化振兴，职业教育夯实社会需求。与教育相关的就是人才。人才旺，文化兴。对历史文化资源相对贫乏的城市而言，教育与人才是实现城市"弯道超车"或者说"变道超车"的重要抓手。

本一级指标主要从历史文化遗产数量、重点文物保护单位数量、A级旅游景区数量、历史文化名村名镇及特色小镇数量、教育资源数量与质量、文化人才数量等六个维度对城市的文化资源要素进行考核评估。

4.文化发展要素

任何城市的发展都是在继承基础上的创新。对城市文化而言，城市文脉

---

[1] 唐月民.文化资源学[M].济南：山东大学出版社，2014：2.

的传承是继承，城市文化创意则是一种创新。所以，城市文化的发展不是"建立在沙滩上"或空中楼阁式的，而是"通"与"变"的结果。

何为创意城市？何为城市创新？这两者其实是相互关联的，并非独立不相干的。有些学者认为："创意城市与城市创新（urban innovation）具有天然的内在关联性，两者都强调通过前所未有的开创性途径或模式来推进城市的建设和发展，通常密不可分、互为因果，即一座城市会因为富含创意而实现了创新，反之，一座创新之城也总是深具创意。如果一定要对它们加以区别，创意城市重在体现'创造力'（creativity），它更多地与文化和艺术领域紧密相关；城市创新则是一个更加宽泛的动态概念，可以是任何领域、技术、制度和人员等的重大变革所促发的城市新发展。从这个意义上来讲，创意城市是城市创新的一种动力和范式。"[1]

这就是说，创新的概念要宽泛得多，创意的概念要窄很多。对城市文化来说，文化创新包含的维度很多，如文化理论创新、文化体制创新、文化机制创新、文化管理创新、文化技术创新、文化人才创新等；而文化创意本身更多地体现在具有创作、设计属性的产业与产品上。由于具有文化的创意与创新，城市发展的预期就值得特别关注。

本一级指标从文化创意、文化创新、文脉传承及文化发展预期四个维度对城市的文化发展要素进行考核评估。

5.文化活跃要素

一个城市的文化活跃度，在一定程度上反映了这个城市的文化活力，也折射出这个城市的文化实力。评价一个城市的文化活跃度，有很多种衡量的标准。但无论从那种角度衡量，这个城市的文化交流状况、节庆活动数量与质量、文化消费水平、文化的区域辐射影响力等无不是这个城市文化活跃度的反映。

本一级指标从文化交流、节庆活动、文化消费、文化区域辐射影响力四个维度对城市的文化活跃要素进行考核评估。

6.文化经济要素

经济与文化相互渗透、相互促进。经济与文化的一体化已经成为世界性的发展趋势。文化与经济的基本关系表现在经济的决定性作用和文化有力的

---

[1] 唐燕，昆兹曼，阿尔特拉克，等.文化、创意产业与城市更新[M].北京：清华大学出版社，2016：1-2.

反作用。经济发展基础在很大程度上决定了文化发展水平,但经济相对落后的城市也可以通过文化的发展来推动经济发展,也就是以文化发展促进经济发展。经济对文化作用表现在经济发展为文化发展奠定坚实的物质基础。文化设施等的建设需要政府投入大量资金,后期的文化服务供给、文化人才的培养等都需要财政经费的支持。经济不仅是文化发展的基础,对文化发展也起着支撑作用。经济强盛时期,人民对文化的需求提高,整体文化消费水平也将提升到一个新的高度。因此,衡量城市文化的竞争力,城市的经济实力是重要的参考依据。

本一级指标主要从 GDP、人均 GDP、财政总收入、人均财政收入、城乡居民收入五个维度对城市的文化经济要素进行考核评估。

7. 文化管理要素

城市文化的发展离不开对城市文化的规划和管理,而城市文化的健康发展需要有相关政策的引导和支持,需要有相应的制度作保障。这些制度保障,涵盖了财政、金融、投资、保险、人力资源等多方面。有了相应的保障,还要看执行力如何,也就是作为管理层面推动文化发展的执行力的效果,这也是对文化发展落地的检验。

本一级指标主要从文化规划、文化政策、文化制度、文化保障、文化执行力五个维度对城市的文化管理进行考核评估。

8. 文化形象要素

有学者把城市形象称为"城市意象",认为:"一个高度可意象的城市(外显的、可读或是可见的)应该看起来适宜、独特而不寻常,应该能够吸引视觉和听觉的注意和参与。环境这种给人以美感的特点,不但应该简化,而且要持续深入。这种城市具有高度连续的形态,由许多各具特色的部分相互清晰连接,能够逐渐被了解。敏锐或熟悉的观察者可以排除最初意象的干扰,而获取新的引起美感的印象,每个新的部分都与许多先前的要素有关,观察者能够清楚了解周围的环境,辨明方向,毫不费力地迁移。"[①]对人们来说,一个城市的形象,可以通过实地观察获取,也可以通过各种媒体获取,甚至可以是通过别人的讲述想象而成。在城市形象中,城市的文化形象所占据的地位非常重要。例如,一个城市市民的素质、城市的规划建设与管理、城市

---

① 林奇.城市意象[M].方益萍,何晓军,译.北京:华夏出版社,2001:7.

对外的营销宣传、城市在社会上已形成的口碑等，都是关乎城市形象，特别是城市文化形象的重要因素。

事实上，一个城市的形象塑造，就是一个城市文化实力与文化魅力的展示，城市形象的推广过程就是城市文化的推广过程。城市形象是城市整体化的精神与风貌，是城市全方位、全局性的形象，包括城市的整体风格与面貌，特别是它的建筑艺术、街道环境、风景名胜、市民言谈举止与衣着服饰、商家的诚实守信、对游客的友善包容等，这些都在有形与无形地塑造城市的形象，特别是城市的文化形象。

一个城市如果规划得好，建设得好，管理得好（既重视宏观管理，又注重细节管理），市民素质高，不排外，对外地客人友好，城市营销恰到好处，那它的城市形象与城市文化形象就是很好的，整个城市的文明程度也一定是很高的。

本一级指标从城市文化口碑、城市文化传播、城市亲和力、城市包容性、城市居民幸福感、城市文明度等六个维度对城市的文化形象进行考核评估。

9.文化生产要素

文化生产是以创造观念形态的精神产品为目的的生产。文化生产既是文化经济形成的前提，也是文化经济赖以发展的原动力。文化生产出的产品则是一定的文化生产方式的成果和具体表现的物化形态。文化生产的目的不仅是满足消费者对文化产品的需要，更是满足社会发展的需要。

就一个城市而言，文化生产主要包括文学创作和艺术创作。每个城市都有文学创作和艺术创作，关键在于有无代表性的文学作品和艺术作品；是否形成富有城市地域文化特色的创作群体和有一定影响力的标志性作品；文学艺术创作是否着力弘扬社会主义核心价值观；群众性的文学艺术创作是否有扎实的基础；文学艺术创作是否既有高原又有高峰；与省内外其他城市相比，在文学艺术创作方面，是否有一定的比较优势甚或明显的优势；获得各级文学艺术奖励的作品有多少；在文学艺术创作方面，是否已经形成人才的梯队，发展趋势与发展后劲如何；等等。

本一级指标从文学创作和艺术创作两个维度对城市的文化生产要素进行考核评估。

第三章 四川城市文化竞争力综合排名及分项指标排名分析

就四川行政区划来说，四川目前有18个城市、3个民族自治州，合计21个市州。18个城市分别是成都、德阳、绵阳、广元、眉山、资阳、乐山、雅安、攀枝花、遂宁、南充、巴中、达州、广安、泸州、宜宾、自贡、内江。3个民族自治州分别是甘孜州、阿坝州、凉山州。

从严格意义上说，研究分析四川城市文化竞争力，应指上述18个城市。但考虑到市与自治州级别相同[①]，又同在一个省域，合在一起进行比较也有重要的参考价值。故本课题所指的"四川城市"是涵盖了3个自治州在内的，也就是对四川全省21个市州进行比较，这样有利于从宏观层面让它们有一个横向的对比，同时，也便于相互之间取长补短，形成你追我赶的良好发展态势。

需要说明的是，本课题进行的各个排名，完全是基于9个一级指标和41个二级指标的相关统计数据及其分析结果，没有先入为主的"成见"。由于各个城市的相关数据统计口径可能不完全一致，课题组搜集也可能不够完备，因此，所作分析可能存在一定误差。但本书研究的目的不在于排名本身，也绝无意让排名靠后的城市"难堪"。我们研究的目的只有一个，即通过排名这种方式，客观分析四川城市文化竞争力的优势与劣势，为各地建设文化强市，从而有力支撑四川文化强省发展战略，提供有一定价值和意义的参考。相信通过这种量化考评的方式，一定会大力推动并加快实现四川由文化大省到文化强省的跨越。

---

① 成都为副省级城市，但在同一省域，仍有可比较性。

第一节　四川城市文化竞争力的综合排名及分析

依据第二章所设定的9个一级指标和41个二级指标及其各自的权重分析，可以得到四川21个城市的文化竞争力的综合排名。

表3-1所示的是四川城市文化竞争力综合排名。表3-2所示的是四川"五区"城市文化竞争力综合指数状况。

表3-1　四川城市文化竞争力综合排名

排名	城市	综合加权得分	排名	城市	综合加权得分
1	成都	95.36	12	广元	65.93
2	绵阳	77.87	13	阿坝州	65.81
3	乐山	75.51	14	巴中	65.57
4	德阳	74.69	15	雅安	65.39
5	宜宾	74.27	16	遂宁	65.09
6	自贡	74.26	17	广安	62.97
7	泸州	72.91	18	凉山州	62.85
8	眉山	72.17	19	攀枝花	61.89
9	南充	71.04	20	甘孜州	61.51
10	达州	68.30	21	资阳	61.31
11	内江	67.20			

表3-2　四川"五区"城市文化竞争力综合指数状况

地区	城市	均值	标准差
成都平原经济区	成都、德阳、绵阳、乐山、眉山、资阳、遂宁、雅安	73.42	10.62
川南经济区	自贡、泸州、内江、宜宾	72.16	3.37
川东北经济区	南充、达州、广安、巴中、广元	66.76	3.05
攀西经济区	攀枝花、凉山州	62.37	0.68
川西北生态示范区	阿坝州、甘孜州	65.81	3.04
总计		69.61	7.84

从表3-1可以看到，四川21个城市的文化竞争力大体与各自的经济实力相一致，但又不完全等同。成都作为全省的政治、经济、金融、文化、旅游、科技、教育、交通、信息、医疗等全面的中心，显示了超强的实力，在省内还没有明显的竞争对手，处于绝对领先的位置，属于第一层次。

绵阳、乐山、德阳、宜宾、自贡、泸州、眉山、南充这8个城市，综合得分在80分以下、70分以上，属于第二层次。这8个城市，既有良好的经济基础，又有较好的历史文化底蕴，交通区位优势明显，城市管理理念比较先进，文化发展的意识较为强烈，相关城市文化规划、城市文化政策、城市文化制度比较到位，城市文化基础设施建设与公共文化服务和文化产业水平总体在省内处于较好水平，城市文化交流较为活跃，文化消费的期望与能力较强，城市文化形象总体良好。

达州、内江、广元、阿坝州、巴中、雅安、遂宁7个城市综合得分在70分以下、65分以上，属于第三层次。这些城市在城市文化竞争力的9个一级指标方面，缺乏特别突出的优势，城市文化发展的方向还需要进一步凝练，城市文化发展的政策措施还需要进一步增强针对性，城市文化形象的塑造还需要进一步"用力"，城市公共文化服务、文化产业、文化管理等方面还需要进一步实现突破。

广安、凉山州、攀枝花、甘孜州、资阳5个城市综合得分在65分以下、60分以上，属于第四层次。这些城市在城市文化竞争力的9个一级指标方面，大多排名都是靠后的，显示出城市文化的发展在省内还处于弱势，需要花较大的力气予以逐步的突破。但应该看到的是，这5个城市各有发展上的比较优势，如果能够善于抓住机遇、审时度势，则未来在城市文化的发展上是不可估量的。

例如，凉山州、甘孜州都属于少数民族聚居区，文化资源是相当富集的，现在国家的民族扶持政策也非常有力，如果能够找准自己的文化发展方向，精准施策、精准用力，充分发挥后发优势，其文化发展的爆发力不可估量。

广安和攀枝花都地处省域交界地区，具有一定的区位优势。广安紧邻重庆，这些年一直在努力融入重庆的发展之中，也收到明显成效。今后，在城市文化发展方面，广安可以挖掘提炼自己的文化资源，扬长避短，与重庆形成互补发展格局，借助重庆中央直辖市的多方面优势，乘势而上，主动对接、承接重庆的产业转移，分担重庆的部分城市功能，当好重庆的"后花园"，不断夯实城市文化的实力，塑造良好的城市文化形象。攀枝花地处川、滇交界，有较好的工业基础，如能在城市文化发展上破除思想禁锢，敢于迎接挑战，勇当四川南大门枢纽城市，激活边城效应，做好文旅融合、文体融合、文教融合、文养融合等"大文章"，就一定能尽早实现文化的跨越发展。

资阳属于成都经济圈的核心地带，具有明显的区位优势，融入成都是必然选择，但对于怎样融入，融入什么，是需要慎重思考的。在城市文化发展方面，要有超前思维，努力用创新方法弥补城市文化资源不足、城市幅员有限、城市文化基础薄弱等短板，科学决策，变发展劣势为发展优势，塑造崭新城市形象。

从表3-2可以看到，成都平原经济区城市文化竞争力最强劲，平均分值达到73.42分。其次是川南经济区，城市文化竞争力平均分值达到72.16分。但川东北经济区、攀西经济区、川西北生态示范区的城市文化竞争力得分在"五区"均值69.61分以下，说明这三个区的整体文化竞争力尚处于弱势。但是，成都平原经济区城市文化竞争力综合指数的标准差最大，达到10.62分，说明该经济区内城市之间的文化竞争力差异较大，发展并不均衡。攀西经济区内的城市文化竞争力综合指数标准差最低，只有0.68分，说明区域内两市文化竞争力较为均衡，实力相当。

第二节 四川城市文化竞争力的分项指标排名及其分析

依据第二章所设定的9个一级指标和41个二级指标及其各自的权重分析，可以得出四川21个城市的文化竞争力的分项指标排名。

表3-3所示的是21个四川城市文化服务要素竞争力排名。表3-4所示的是四川"五区"城市文化服务要素指数状况。

表3-3 四川城市文化服务要素竞争力排名

排名	城市	加权得分	排名	城市	加权得分
1	成都	91.51	5	乐山	72.77
2	绵阳	79.45	6	自贡	72.64
3	德阳	76.49	7	泸州	72.46
4	宜宾	72.86	8	南充	71.02

第三章 四川城市文化竞争力综合排名及分项指标排名分析

续表

排名	城市	加权得分	排名	城市	加权得分
9	眉山	70.88	16	雅安	64.31
10	内江	67.99	17	广安	63.42
11	遂宁	67.59	18	资阳	62.43
12	达州	66.68	19	凉山州	60.54
13	攀枝花	66.48	20	阿坝州	60.29
14	巴中	65.42	21	甘孜州	60.15
15	广元	64.72			

表3-4 四川"五区"城市文化服务要素指数状况

地区	城市	均值	标准差
成都平原经济区	成都、德阳、绵阳、乐山、眉山、资阳、遂宁、雅安	73.18	9.39
川南经济区	自贡、泸州、内江、宜宾	71.49	2.34
川东北经济区	南充、达州、广安、巴中、广元	66.25	2.91
攀西经济区	攀枝花、凉山州	63.51	4.20
川西北生态示范区	阿坝州、甘孜州	60.22	0.10
	总计	69.05	7.42

四川各城市的公共文化设施，特别是大型的标志性公共文化设施的建设，在"十三五"时期都比"十二五"时期有了明显的进步。具有较高设计标准与独特外观造型的公共文化设施，如图书馆、博物馆、大剧院、体育馆（场）、艺术中心等，相继在一些城市中建成并投入使用，或正在加快建设中，正成为各城市新的文化地标。但相比于东部沿海发达地区，甚至中西部部分具有超前意识的城市，四川城市的公共文化设施建设还是比较滞后的，即便是省会成都，与广州、深圳、南京、杭州等先发地区的城市相比，也尚有一定的差距。此外，四川大部分城市的公共文化设施使用率不高，相关惠民活动偏少。

在公共文化服务方面，四川各城市之间存在较大差异。同时，一个城市的不同的区县之间也存在较大的差距。特别是在公共文化服务的均等化、优质化、个性化方面，四川绝大部分城市还需要追赶补课。

在城市文化总投入与人均投入方面，四川城市之间的差距也很大。总体而言，经济基础较好的城市的文化总投入与人均投入大体处于中上水平。

在群众文化活动的数量与质量方面，随着人民群众生活水平的日益提高和对美好生活的更加向往，各地群众文化活动的数量较之过去都有大幅增加，但质量不尽如人意。在这方面，各个城市都还需要进一步提升，以满足人民群众不断增长的文化需求。

从表3-3可以看到，在城市文化服务要素方面，成都得分在90分以上，属于第一层次。绵阳、德阳、宜宾、乐山、自贡、泸州、南充、眉山8个城市得分在80分以下、70分以上，属于第二层次。内江、遂宁、达州、攀枝花、巴中、广安、雅安、广安、资阳、凉山州、阿坝州、甘孜州12个城市得分在70分以下、60分以上，属于第三层次。

从表3-4可以看到，成都平原经济区城市文化服务要素指数均值为73.18分，在"五区"中为最高值，标准差9.39分也为最高，说明成都平原经济区的城市的文化服务要素差异较大，发展最不均衡。川西北生态示范区在"五区"中文化服务要素较弱，指数均值为60.22分，但其标准差仅为0.10分，区域内的城市的文化服务发展相对来说最为均衡。

表3-5所示的是21个四川城市文化产业要素竞争力排名。表3-6所示的是四川"五区"城市文化产业要素指数状况。

表3-5 四川城市文化产业要素竞争力排名

排名	城市	加权得分	排名	城市	加权得分
1	成都	92.97	9	眉山	64.01
2	自贡	72.88	10	达州	63.93
3	绵阳	69.89	11	内江	63.77
4	德阳	65.37	12	广元	63.58
5	宜宾	65.31	13	遂宁	63.44
6	乐山	64.79	14	雅安	63.19
7	南充	64.74	15	巴中	62.99
8	泸州	64.58	16	阿坝州	59.37

续表

排名	城市	加权得分	排名	城市	加权得分
17	资阳	55.74	20	甘孜州	53.87
18	广安	55.39	21	攀枝花	53.49
19	凉山州	54.31			

表3-6 四川"五区"城市文化产业要素指数状况

地区	城市	均值	标准差
成都平原经济区	成都、德阳、绵阳、乐山、眉山、资阳、遂宁、雅安	67.43	11.03
川南经济区	自贡、泸州、内江、宜宾	66.63	4.21
川东北经济区	南充、达州、广安、巴中、广元	62.13	3.82
攀西经济区	攀枝花、凉山州	53.90	0.58
川西北生态示范区	阿坝州、甘孜州	54.81	1.32
总计		63.52	8.58

四川城市文化产业总体在全国处于中等水平，表现为有一定的"量"（产值），但缺乏有竞争力的"质"。具有全国影响力的文化产业园区、文化企业和文化产业品牌相当少。不少城市的文化产业还停留在基础性的广告、印务、广播、电视、电影、网吧、KTV等传统业态，文化创意产业、数字文化与数字传媒等新业态还处于摸索阶段。相对而言，成都的数字文化与数字传媒、自贡的彩灯文化及其相关产业在全国具有较大的影响。自贡彩灯已成为自贡和四川乃至中国的一张文化名片。

通过表3-5可以看到，在城市文化产业要素方面，成都得分在90分以上，属于第一层次。自贡得分在80分以下、70分以上，属于第二层次。绵阳、德阳、宜宾、乐山、南充、泸州、眉山、达州、内江、广元、遂宁、雅安、巴中13个城市得分在70分以下、60分以上，属于第三层次。阿坝州、资阳、广安、凉山州、甘孜州、攀枝花6个城市得分在60分以下，属于第四层次。

通过表3-6可以看到，成都平原经济区、川南经济区的城市文化产业要素指数的均值在"五区"均值以上，其他区域的城市均值在"五区"均值以下。

成都平原经济区的标准差最大,达到11.03分,客观反映了这一区域的城市的文化产业的发展是相当不均衡的。攀西经济区的标准差最低,只有0.58分,说明这一区域的城市的文化产业发展水平较为均衡。

表3-7所示的是21个四川城市文化资源要素竞争力排名。表3-8所示的是四川"五区"城市文化资源要素指数状况。

表3-7　四川城市文化资源要素竞争力排名

排名	城市	加权得分	排名	城市	加权得分
1	成都	95.54	12	自贡	60.68
2	阿坝州	72.38	13	南充	57.39
3	乐山	71.99	14	达州	56.42
4	绵阳	69.91	15	广元	51.93
5	德阳	67.95	16	巴中	51.65
6	甘孜州	66.76	17	内江	50.97
7	雅安	63.85	18	广安	49.87
8	宜宾	63.27	19	遂宁	49.53
9	眉山	62.32	20	资阳	49.32
10	泸州	61.72	21	攀枝花	48.75
11	凉山州	60.78			

表3-8　四川"五区"城市文化资源要素指数状况

地区	城市	均值	标准差
成都平原经济区	成都、德阳、绵阳、乐山、眉山、资阳、遂宁、雅安	66.30	14.61
川南经济区	自贡、泸州、内江、宜宾	59.16	5.56
川东北经济区	南充、达州、广安、巴中、广元	53.45	3.27
攀西经济区	攀枝花、凉山州	54.77	8.51
川西北生态示范区	阿坝州、甘孜州	69.57	3.97
总计		61.09	11.10

第三章　四川城市文化竞争力综合排名及分项指标排名分析

四川是一个文化资源大省，文化资源富集，所拥有的各类文化遗产数量位居全国前列，但四川的文化资源分布不均衡。成都、阿坝州、乐山等地拥有多处和多种世界文化遗产，相应的重点文物保护单位也比较多，而攀枝花、资阳、遂宁、广安等地则比较少。对城市而言，教育也是重要的文化资源。省会成都拥有全省所有的国家"双一流高校"，高等教育和基础教育的数量与质量在全省占据绝对领先的位置。近年来，宜宾、眉山等城市加大对各级各类高等教育资源的吸引，极大地提升了城市的教育实力与教育地位，改变了城市的文化结构与文化氛围。特别是宜宾，大手笔引进省内外一大批有实力和影响的高校或研究机构，一举改变过去只有一所全日制普通高等学校的局面，高等教育的规模跃居全省前列。

从表3-7可以看到，在城市文化资源要素方面，成都得分在90分以上，属于第一层次。阿坝州、乐山得分在80分以下、70分以上，属于第二层次。绵阳、德阳、甘孜州、雅安、宜宾、眉山、泸州、凉山州、自贡9个城市得分在70分以下、60分以上，属于第三层次。南充、达州、广元、巴中、内江、广安、遂宁、资阳、攀枝花9个城市得分在60分以下，属于第四层次。

从表3-8可以看到，成都平原经济区、川西北生态示范区所属城市得分在"五区"平均分以上。其中，川西北生态示范区均值为全省最高，达到69.57分，也客观反映了这一区域文化资源相当富集。成都平原经济区的标准差为最高，达到14.61分，说明这一区域的城市在文化资源要素这一领域的内部差距确实很大。川东北经济区标准差最低，只有3.27分，客观反映了这一区域的城市在文化资源这一要素领域彼此之间较为均衡，没有特别突出的城市。

表3-9所示的是21个四川城市文化发展要素竞争力排名。表3-10所示的是四川"五区"城市文化发展要素指数状况。

表3-9　四川城市文化发展要素竞争力排名

排名	城市	加权得分	排名	城市	加权得分
1	成都	94.30	6	德阳	72.77
2	自贡	76.21	7	宜宾	71.87
3	乐山	75.59	8	泸州	71.00
4	绵阳	74.80	9	南充	69.85
5	眉山	73.80	10	达州	66.12

续表

排名	城市	加权得分	排名	城市	加权得分
11	广元	65.66	17	资阳	57.87
12	巴中	64.73	18	凉山州	56.69
13	遂宁	62.86	19	阿坝州	56.32
14	内江	62.78	20	攀枝花	56.09
15	雅安	60.09	21	甘孜州	55.98
16	广安	59.76			

表3-10 四川"五区"城市文化发展要素指数状况

地区	城市	均值	标准差
成都平原经济区	成都、德阳、绵阳、乐山、眉山、资阳、遂宁、雅安	71.51	11.62
川南经济区	自贡、泸州、内江、宜宾	70.47	5.61
川东北经济区	南充、达州、广安、巴中、广元	65.22	3.62
攀西经济区	攀枝花、凉山州	56.39	0.42
川西北生态示范区	阿坝州、甘孜州	56.15	0.24
总计		66.91	9.43

在城市文化发展要素竞争领域，省会成都无论是文化创意、文化创新、文脉传承方面还是对文化发展的预期，都是省内其他城市无法相比的。四川自2017年开始，评选两批共20位四川历史名人，其中绝大多数都与成都有关系，且有不少就是在成都本地出生、成长或较长时间寓居的。依托这些历史名人，成都大力实施文化振兴工程，以"天府文化"为统领，以建设体现新发展理念的国家中心城市和世界公园城市为抓手，为城市赋能，城市文化品位与文化氛围加快提升。除成都外，其他一些城市也各有自己的特色与亮点。如自贡，长期作为省辖市，有很好的城市管理基础与文化发展积淀，这些年依托彩灯这张文化名片，在彩灯创意设计、彩灯文化资源挖掘、彩灯文脉传承等方面，大胆探索，已形成人才培养+创意设计+市场营销+理论建构+产品延伸等大发展格局，让整个城市氤氲着浓郁的彩灯文化氛围。眉山则以苏东坡为最大的城市文化名片，以"国际东坡文化节"为抓手，积极梳理当地文

第三章　四川城市文化竞争力综合排名及分项指标排名分析

化名人，以文化名人涵养城市的文化精神，提升城市的文化品位，延续城市的历史文脉，扩大城市的文化影响，并以此带动整个城市经济的发展，让文化软实力助力经济硬实力，取得积极成效。

从表3-9可以看到，在城市文化发展要素方面，成都得分在90分以上，属于第一层次。自贡、乐山、绵阳、眉山、德阳、宜宾、泸州7个城市得分在80分以下、70分以上，属于第二层次。南充、达州、广元、巴中、遂宁、内江、雅安7个城市得分在70分以下、60分以上，属于第三层次。广安、资阳、凉山州、阿坝州、攀枝花、甘孜州6个城市得分在60分以下，属于第四层次。

从表3-10可以看到，成都平原经济区、川南经济区的城市文化发展要素指数均值在"五区"均值以上，客观反映了这两个区域的城市在城市文化发展要素方面的水平。但成都平原经济区标准差也最大，达到11.62分，反映这一区域的城市之间在城市文化发展要素方面存在较大差距。攀西经济区和川西北生态示范区虽然均值比较低，但标准差也低，说明其各自的城市在这一领域发展水平相对均衡。

表3-11所示的是21个四川城市文化活跃要素竞争力排名。表3-12所示的是四川"五区"城市文化活跃要素指数状况。

表3-11　四川城市文化活跃要素竞争力排名

排名	城市	加权得分	排名	城市	加权得分
1	成都	98.20	12	内江	66.43
2	绵阳	75.58	13	巴中	65.02
3	乐山	75.46	14	广元	64.92
4	宜宾	75.19	15	凉山州	63.51
5	自贡	74.91	16	遂宁	62.48
6	泸州	73.73	17	甘孜州	61.35
7	眉山	72.30	18	雅安	61.17
8	德阳	69.07	19	广安	58.64
9	南充	69.01	20	资阳	58.94
10	阿坝州	67.81	21	攀枝花	57.33
11	达州	67.75			

表3-12 四川"五区"城市文化活跃要素指数状况

地区	城市	均值	标准差
成都平原经济区	成都、德阳、绵阳、乐山、眉山、资阳、遂宁、雅安	71.65	12.52
川南经济区	自贡、泸州、内江、宜宾	72.57	4.14
川东北经济区	南充、达州、广安、巴中、广元	65.07	4.00
攀西经济区	攀枝花、凉山州	60.42	4.37
川西北生态示范区	阿坝州、甘孜州	64.58	4.58
总计		68.51	9.00

四川各城市，总体而言比较重视活跃自己的城市文化，但发展不够均衡。省会成都在城市文化交流、节庆活动、文化消费方面，不仅走在全省前列，也走在中西部城市前列，个别领域甚至走在全国城市前列。例如，年度电影票房收入、年度接待游客人数及旅游总收入、年度会展规模与影响及效益、国内外文化交流等，都长期位居全国前列。

2018年，成都提出着力打造"三城三都"，即世界文创名城、世界旅游名城、世界赛事名城、国际美食之都、国际音乐之都、国际会展之都，实际上都属于城市文化的范畴。通过三年的建设，已初见成效。一批标志性城市文化设施如雨后春笋般拔地而起，城市美学的理念已深深植入成都的城市规划、建设与管理的诸多细节之中，一大批"文化+"的项目相继落户、投产；以古蜀文化、三国文化、熊猫文化等为核心要素的天府文化得到进一步弘扬。

四川的其他城市，如绵阳、乐山、宜宾、自贡、泸州、眉山、德阳、南充等，也借助各种主办、承办、协办的文化活动，千方百计提升自己的城市知名度、美誉度和影响力。

自1997年重庆升级为直辖市以来，巴蜀文化向来连称共举的文化共识，受到一定程度的挑战。重庆提出"巴渝文化"，成都提出"天府文化"，其他城市一度陷入困惑之中，以致传统的"巴蜀"连称有时被改称"蜀巴"。近年来，这种困惑正在被解除。特别是随着成渝地区双城经济圈建设上升到国家战略之后，巴蜀文化的连频共振又被重新"激活"。相对于蜀文化的研究，巴文化的研究总体滞后。这些年，达州、巴中、南充等原属于古巴国区域的城市，陆续扛起巴文化研究的大旗。巴文化的考古发掘、文献梳理、文脉传承、精神提炼等得到不断加强，文化交流与节庆活动有了自己的核心诉求，城市文化的特色凝练与发展有了明显的进步。

从表3-11可以看到，在城市文化活跃要素方面，成都得分在90分以上，属于第一层次。绵阳、乐山、宜宾、自贡、泸州、眉山6个城市得分在80分以下、70分以上，属于第二层次。德阳、南充、阿坝州、达州、内江、巴中、广元、凉山州、遂宁、甘孜州、雅安11个城市得分在70分以下、60分以上，属于第三层次。广安、资阳、攀枝花3个城市得分在60分以下，属于第四层次。

从表3-12可以看到，成都平原经济区、川南经济区均值在四川"五区"均值之上，其他几个区域相对较弱。成都平原经济区标准差最大，达到12.52分，说明这一区域的城市在城市文化活跃要素方面彼此差距较大。其他几个区域标准差比较小，说明这几个区域各自的城市之间的差距没有成都平原经济区的城市之间的差距大。

表3-13所示的是21个四川城市文化经济要素竞争力排名。表3-14所示的是四川"五区"城市文化经济要素指数状况。

表3-13　四川城市文化经济要素竞争力排名

排名	城市	加权得分	排名	城市	加权得分
1	成都	98.64	12	遂宁	64.27
2	绵阳	81.80	13	广安	64.15
3	宜宾	79.45	14	广元	62.53
4	德阳	78.91	15	巴中	61.22
5	泸州	76.00	16	凉山州	60.55
6	乐山	74.76	17	攀枝花	60.03
7	自贡	69.91	18	阿坝州	59.87
8	眉山	69.05	19	雅安	58.64
9	内江	67.51	20	资阳	58.03
10	南充	67.04	21	甘孜州	56.81
11	达州	66.13			

表3-14 四川"五区"城市文化经济要素指数状况

地区	城市	均值	标准差
成都平原经济区	成都、德阳、绵阳、乐山、眉山、资阳、遂宁、雅安	73.01	13.60
川南经济区	自贡、泸州、内江、宜宾	73.22	5.48
川东北经济区	南充、达州、广安、巴中、广元	64.21	2.42
攀西经济区	攀枝花、凉山州	60.03	0.37
川西北生态示范区	阿坝州、甘孜州	58.34	2.16
总计		68.35	10.24

城市文化的发展，在相当的层面上需要经济的硬投入——至少在文化产业尚未成为城市的主导产业、支柱产业之前，需要经济的扶持。因此，一个城市的经济实力在某种程度上也决定着城市的文化实力。这方面，既要看城市GDP的总量、财政的总收入，还要看人均GDP、人均财政收入和城乡居民收入。这些指标决定了一个城市能有多大的实力用于文化的投入，也决定了一个城市的文化消费的水平。综合上述因素，成都、绵阳、宜宾、德阳、泸州等城市，在城市文化经济要素的竞争力方面有较大优势，而甘孜州、资阳、雅安、阿坝州等城市的文化经济要素竞争力还有较大提升空间。

从表3-13可以看到，在城市文化经济要素方面，成都得分在90分以上，属于第一层次。绵阳得分在90分以下、80分以上，属于第二层次。宜宾、德阳、泸州、乐山4个城市得分在80分以下、70分以上，属于第三层次。自贡、眉山、内江、南充、达州、遂宁、广安、广元、巴中、凉山州、攀枝花11个城市得分在70分以下、60分以上，属于第四层次。阿坝州、雅安、资阳、甘孜州4个城市得分在60分以下，属于第五层次。

从表3-14可以看到，成都平原经济区、川南经济区均值在"五区"均值以上，其他几个区域在"五区"均值以下。但成都平原经济区的标准差也最大，达到13.60分，说明这一区域的城市之间差距较大。而攀西经济区标准差最低，说明这一区域内部的城市之间发展水平大体相当。

表3-15所示的是21个四川城市文化管理要素竞争力排名。表3-16所示的是四川"五区"城市文化管理要素指数状况。

第三章 四川城市文化竞争力综合排名及分项指标排名分析

表3-15 四川城市文化管理要素竞争力排名

排名	城市	加权得分	排名	城市	加权得分
1	成都	96.80	12	广元	71.82
2	绵阳	81.37	13	雅安	71.36
3	乐山	81.23	14	巴中	71.16
4	眉山	80.24	15	遂宁	71.08
5	自贡	79.91	16	广安	70.85
6	德阳	79.41	17	资阳	70.12
7	宜宾	79.24	18	攀枝花	69.78
8	泸州	78.21	19	凉山州	68.49
9	南充	77.15	20	阿坝州	67.86
10	达州	75.54	21	甘孜州	66.88
11	内江	72.19			

表3-16 四川"五区"城市文化管理要素指数状况

地区	城市	均值	标准差
成都平原经济区	成都、德阳、绵阳、乐山、眉山、资阳、遂宁、雅安	78.95	8.69
川南经济区	自贡、泸州、内江、宜宾	77.39	3.53
川东北经济区	南充、达州、广安、巴中、广元	73.30	2.86
攀西经济区	攀枝花、凉山州	69.14	0.91
川西北生态示范区	阿坝州、甘孜州	67.37	0.69
总计		75.27	6.88

一个城市的文化规划、文化政策、文化制度、文化保障、文化执行力这些指标，显示的是城市文化管理要素的竞争力。就四川城市而言，省会成都的实力是最强的。其次，绵阳、乐山、眉山这三个城市表现较为突出。城市文化管理方面的实力不完全跟城市的经济实力挂钩，更多的是城市的管理理念与发展理念以及管理水平与发展水平的体现，尤其是跟城市的决策层和相关部门对文化的重视程度以及对城市文化发展的理解、价值追求、目标定位、政策导向、措施保障、督察考核等有很大的关系。城市文化的发展，一定不

能被当作城市的"拼盘"来点缀，更不能仅是说得热闹，或者梦想城市经济发展到一定水平，城市文化的水平也就自然会上去。这些想法都是城市文化发展的大忌。

从表3-15可以看到，在城市文化管理要素方面，成都得分在90分以上，属于第一层次。绵阳、乐山、眉山3个城市得分在90分以下、80分以上，属于第二层次。自贡、德阳、宜宾、泸州、南充、达州、内江、广元、雅安、巴中、遂宁、广安、资阳13个城市得分在80分以下、70分以上，属于第三层次。攀枝花、凉山州、阿坝州、甘孜州4个城市得分在70分以下、60分以上，属于第四层次。

从表3-16可以看到，成都平原经济区、川南经济区的均值在四川"五区"均值之上，其他区域在"五区"均值之下。成都平原经济区标准差最大，达到8.69分，说明这一区域的城市之间在城市文化管理方面存在较大差距。攀西经济区标准差最低，说明这一区域的城市在城市文化管理方面发展水平相当。

表3-17所示的是21个四川城市文化形象要素竞争力排名。表3-18所示的是四川"五区"城市文化形象要素指数状况。

表3-17 四川城市文化形象要素竞争力排名

排名	城市	加权得分	排名	城市	加权得分
1	成都	99.44	12	广安	84.57
2	绵阳	93.84	13	广元	84.38
3	乐山	92.67	14	内江	84.27
4	宜宾	92.55	15	遂宁	82.87
5	泸州	92.48	16	巴中	82.43
6	德阳	91.28	17	达州	80.40
7	眉山	90.92	18	资阳	79.77
8	自贡	89.10	19	阿坝州	78.99
9	南充	88.81	20	凉山州	75.83
10	攀枝花	86.14	21	甘孜州	75.72
11	雅安	84.76			

第三章 四川城市文化竞争力综合排名及分项指标排名分析

表3-18 四川"五区"城市文化形象要素指数状况

地区	城市	均值	标准差
成都平原经济区	成都、德阳、绵阳、乐山、眉山、资阳、遂宁、雅安	89.44	6.48
川南经济区	自贡、泸州、内江、宜宾	89.60	3.90
川东北经济区	南充、达州、广安、巴中、广元	84.12	3.12
攀西经济区	攀枝花、凉山州	80.99	7.29
川西北生态示范区	阿坝州、甘孜州	77.36	2.31
总计		86.25	6.32

现代城市，自身的发展是一方面，营销宣传又是一方面。换言之，城市埋头发展固然是很重要的，但如果不注重宣传，仅是"养在深闺无人识"，那城市形象的影响力也会受到较大影响。

当然，城市的宣传应是建立在实实在在的发展基础上才具有可持续性，否则只会适得其反。

城市文化形象是由综合因素叠加在一起形成的，也是经过较长时间积累而形成的。城市形象的好坏，从根本上来说，是城市文明程度的体现。城市文明的程度体现在城市的亲和力、包容性以及市民的素质、城市文化的口碑等多方面。这些年，省会成都一直致力于城市形象的塑造，这当中，城市文化形象的塑造尤为重要。成都作为一座移民城市，其最大的特点是包容性。因为包容性强，城市的亲和力就很强。再加上成都特别重视城市的营销，因此，城市文化的口碑一直都很好，长期荣获全国文明城市、国家卫生城市、最具幸福感城市、宜居城市等殊荣。此外，绵阳、乐山、宜宾、泸州、德阳、眉山等城市，这些年也着力在城市文化形象的塑造上下功夫，在省内外拥有较好的城市文化口碑，城市的负面消息较少。

由于整个四川在历史上就是接纳移民的大省，所以四川的城市在包容性、亲和力方面普遍较好，能给外人留下"热情好客"的印象，但是在城市文化的传播方面还有不少的差距。现在不少地方都找到了营销宣传当地的最佳广告语，如山东的"好客山东"、贵州的"多彩醉美贵州"、山西的"晋善晋美"、安徽的"皖若仙境"、天津的"天天乐道，津津有味"等。

而四川，包括四川所属的众多城市，都没有找到最恰当且琅琅上口、寓意深远的广告宣传语。在这方面，还需要努力实现突破。

从表3-17可以看到，在城市文化形象要素方面，成都得分在95分以上，属于第一层次。绵阳、乐山、宜宾、泸州、德阳、眉山6个城市得分在95分以下、90分以上，属于第二层次。自贡、南充、攀枝花、雅安、广安、广元、内江、遂宁、巴中、达州10个城市得分在90分以下、80分以下，属于第三层次。资阳、阿坝州、凉山州、甘孜州4个城市得分在80分以下、70分以上，属于第四层次。

从表3-18可以看到，成都平原经济区、川南经济区的均值十分接近，且都高于"五区"均值。川南经济区均值还要高于成都平原经济区。攀西经济区的标准差最高，说明这一区域攀枝花和凉山州在城市文化形象方面存在较大差距。成都平原经济区紧随其后，说明该区的城市之间也有较大差距。

表3-19所示的是21个四川城市文化生产要素竞争力排名。表3-20所示的是四川"五区"城市文化生产要素指数状况。

表3-19　四川城市文化生产要素竞争力排名

排名	城市	加权得分	排名	城市	加权得分
1	成都	91.47	12	凉山州	70.44
2	南充	77.55	13	内江	70.31
3	绵阳	77.50	14	巴中	66.92
4	乐山	76.99	15	广元	65.66
5	阿坝州	75.44	16	广安	63.77
6	达州	74.84	17	雅安	62.88
7	德阳	74.83	18	资阳	61.85
8	宜宾	73.97	19	遂宁	61.29
9	自贡	73.46	20	攀枝花	60.84
10	眉山	70.76	21	甘孜州	60.45
11	泸州	70.49			

第三章 四川城市文化竞争力综合排名及分项指标排名分析

表3-20 四川"五区"城市文化生产要素指数状况

地区	城市	均值	标准差
成都平原经济区	成都、德阳、绵阳、乐山、眉山、资阳、遂宁、雅安	72.20	10.31
川南经济区	自贡、泸州、内江、宜宾	72.06	1.93
川东北经济区	南充、达州、广安、巴中、广元	69.75	6.07
攀西经济区	攀枝花、凉山州	65.64	6.79
川西北生态示范区	阿坝州、甘孜州	67.95	10.60
总计		70.56	7.61

四川城市的文化生产包括文学创作和艺术创作两个方面，从总体来说，在全国没有明显的竞争力，主要的缺陷是能"扛鼎"的精品力作太少。

当然，四川城市的文化生产也有一些值得称道的地方。如南充、达州、广元等地的群众文艺创作热情很高。此外，成都、阿坝州、凉山、绵阳等地挖掘四川民族文化资源进行文学与艺术创作，多有收获。立足于四川评选的历史名人，在对这些历史名人进行文学（传记）的创作与艺术化的再现上，有一些新的突破。

总之，四川城市的文化生产，需要在巩固群众创作热情的基础上，加强专业队伍建设，尽快突破"有高原、无高峰"的文艺创作瓶颈。

从表3-19可以看到，在城市生产要素方面，成都得分在90分以上，属于第一层次。南充、绵阳、乐山、阿坝州、达州、德阳、宜宾、自贡、眉山、泸州、凉山州、内江12个城市得分在80分以下、70分以上，属于第二层次。巴中、广元、广安、雅安、资阳、遂宁、攀枝花、甘孜州8个城市得分在70分以下、60分以上，属于第三层次。

从表3-20可以看到，成都平原经济区、川南经济区均值在四川"五区"均值之上，其他几个区域在"五区"均值之下。从标准差看，川西北生态示范区标准差最大，达到10.60分，说明这一区域的阿坝州和甘孜州在文化生产方面差距较大。其次是成都平原经济区，其标准差也很大，达到10.31分，说明这一区域的城市在文化生产方面差距也较大。

第四章 四川城市文化竞争力的个案研究

第三章根据9个一级指标和41个二级指标，对四川21个城市的文化竞争力的综合排名与分项排名进行了加权考评打分，得出了相应的排序。这些排序一定程度上反映了四川城市文化的客观现实水平与相对的发展层级。

当然，要反映四川城市文化发展的现状，一种观察方式是对各城市的城市文化竞争力进行宏观的集中排序，另一种观察方式是进行微观的两个城市之间的比较。进行对比的这两个城市可以都是省内的，也可以选择一个省外城市作为参照进行对比。

所选择进行对比的城市，应该是有较多可比较的因素，无论是地理毗邻，还是经济文化水平接近，抑或是有一些特别的共性。总之，这种比较带来了不同寻常的视角与思维，对于准确、客观、多维度认识四川城市的发展水平有一定的帮助。

第一节 成都与杭州城市文化竞争力比较

成都与杭州都是长江流域城市，都处于北纬30°附近，都是省会城市和副省级城市，都以"休闲文化"为城市的特色，经济体量大体相当，都重视城市文化的发展。但两市分处我国的东部与西部，在发展模式与发展成效上，还是存在一定的差异，因此，具有较强的可比性。表4-1是成都与杭州2020年相关指标的对比。

表4-1 成都与杭州2020年相关指标的对比

指标名称	成都	杭州
辖区面积	14335平方公里	16853平方公里
常住人口数量	2093万人	1193万人
GDP	17716.7亿元	16106亿元

续表

指标名称	成都	杭州
人均GDP	8.47万元	13.5万元
第三产业实现增加值	11643亿元	10959亿元
一般公共预算收入	1520.4亿元	2093.4亿元
城镇居民人均可支配收入	48593元	68666元
农村居民人均可支配收入	26432元	38700元
社会消费品零售总额	8118.5亿元	5973亿元
金融机构本外币存款余额	4.37万亿元	5.42万亿元
进出口总额	7154.2亿元	5934亿元
世界500强企业落户数量	305家	118家
本地企业世界500强数量[①]	0家	4家
机场旅客吞吐量[②]	4074.15万人次	2822.43万人次
文化（文创）产业增加值[③]	1805.9亿元	2285亿元
文化（文创）产业占GDP比重[④]	11%	15%
数字经济核心产业增加值[⑤]		4290亿元
数字经济占GDP比重[⑥]		27%
985高校数量	2所	1所
211高校数量	5所	1所
国家双一流高校数量	8所	2所
高等学校数量	56所	40所
空气质量优良天数	280天	334天

① 李锦.2020年世界500强中国企业的九大亮点[EB/OL].(2020-08-11)[2021-12-06].https://new.qq.com/rain/a/20200811A0ARF500.
② 中商情报网.2020年中国机场旅客吞吐量排行榜（附完整榜单）[EB/OL].(2021-05-14)[2021-12-06].https://new.qq.com/rain/a/20210514A01U3200.
③ 杨晨，姜曦悦.2020年成都实现文创产业增加值1805.9亿元，占GDP比重首次突破10%[EB/OL].(2021-04-07)[2021-12-06].https://www.360kuai.com/pc/9b38ca953da29ef14?cota=3&kuai_so=1&tj_url=so_vip&sign=360_57c3bbd1&refer_scene=so_1；张彧，曾艺，郁菁.杭州文化产业乘"数"破浪2020年增加值达2285亿元[EB/OL].(2021-01-29)[2021-12-06].http://www.zj.xinhuanet.com/2021/01/29/c_1127040692.htm.
④ 用两市文化产业增加值除以两市GDP的得数。
⑤ 杭州市统计局，国家统计局杭州调查队.2020年杭州市国民经济和社会发展统计公报[EB/OL].(2021-03-18)[2021-12-06].http://www.hangzhou.gov.cn/art/2021/3/18/art_805865_59031363.html.
⑥ 用数字经济核心产业增加值除以GDP的得数。

从表4-1可以看到，两市辖区面积大体相当，杭州比成都大17.6%。人口上成都则是杭州的1.75倍。从大部分经济指标来看，成都大于杭州；但在人均指标上，杭州由于人口基数少，要比成都高不少。在本地金融机构本外币存款余额，人口少于成都的杭州反比成都高出1万多亿元，说明杭州的金融聚集度更高。2020年机场旅客吞吐量成都排名全国第二，是因为2020年新型冠状病毒肺炎疫情有一定的特殊性。在正常情况下，成都机场旅客吞吐量应排在北京、上海、广州之后。杭州机场旅客吞吐量也进入全国前十，但不如成都的原因，一是人口基数的限制，二是两地交通出行的方式有一定差异。成都地处西南，交通不如杭州便捷，尤其是高铁方面，再加上成都背靠的四川是人口大省，所以，选择乘坐飞机往返的人数自然比较多。而在杭州，便捷的高铁引流了相当一部分航空客流。

在高等教育资源方面，成都的高校数量，985、211、国家双一流高校数量等都比杭州高不少。但杭州仅就浙江大学的第四轮学科评估而言，A+类学科数量排名全国第三，学科优秀率排名全国第二，A类学科数量排名全国第一。在这些高校考核的关键指标上，成都的高校则大为逊色。

在公共文化服务方面，成都与杭州都不错，应该说都走在全国的前列。但两相比较，成都市内各区县在公共文化服务方面彼此存在较大差距，杭州市内各区县则总体比较均衡。在服务的优质化与个性化方面，成都不如杭州。杭州因为经济基础厚实，城市发展理念比较先进，所以，在一些公共文化服务的细微化、人性化方面，更显出温馨与温暖，由此形成良好的城市氛围。如在杭州各类公共文化场所、文化街区等地，文化志愿者到处都是；各种爱心驿站、城市驿站、微笑亭、文化工坊等散布在城市的不同角落；各种免费的、大小不等的艺术馆、博物馆、图书馆、体育馆、书院、书吧、书香亭、自助图书馆、书房、社区文化家园、诗社、艺术吧等星罗棋布。杭州还在努力提升公共图书馆数字化水平，"一键借阅"服务市民已达62万人次。

在文化遗产方面，成都与杭州底蕴都比较深厚。成都有都江堰—青城山世界文化遗产，杭州也有西湖世界文化遗产。成都有先秦时期的金沙古蜀遗址，杭州也有先秦时期的良渚文化遗址。成都有古蜀文化、三国文化、诗歌文化、丝绸文化、美食文化等丰富遗产，杭州也有吴越文化、南宋文化、运河文化、西湖文化、丝绸文化等。

两市都重视文化与旅游的融合发展，重视"文化+"与"旅游+"的拓展。成都的都江堰市、崇州市、锦江区被评为国家全域旅游示范区，成都博物馆、建川博物馆入选国家一级博物馆；举办了成都熊猫亚洲美食节；成都音乐坊、文殊坊等天府锦城"八街九坊十景"建设持续推进；举办第十二届中国音乐金钟奖、第六届中国诗歌节、第七届成都创意周；成功申办2021年第31届世界大学生夏季运动会、2021年世界青年羽毛球锦标赛、2022年第56届世界乒乓球团体锦标赛、2024年世界园艺博览会、2025年第12届世界运动会；举办第18届世界警察和消防员运动会；入选"全球最佳旅游目的地"、首批国家文化和旅游消费示范城市。杭州大力举办杭州国际音乐节、国际戏剧节、南宋文化节等活动；设立"杭州西湖日""杭州良渚日"；启动良渚古城遗址综保工程二期建设；加快大运河国家文化公园建设；德寿宫遗址保护工程暨南宋博物院开工；杭州西湖博物馆总馆、中国茶叶博物馆入选国家一级博物馆；严州古城开门迎客；扎实推进大会展中心项目、世界旅游联盟总部暨世界旅游博物馆项目以及南宋皇城遗址、钱塘江古海塘、天目窑遗址等的建设、保护和申遗工作，不断挖掘和夯实宋韵文化体系；积极筹办2022年第十九届亚运会。

在文化产业方面，成都杭州两市都比较用心用力，但杭州更胜一筹。杭州全力推进的新时代文化浙江工程重点平台——之江文化产业带的建设驶入发展快车道，成为带动杭州乃至浙江全省文化产业高质量发展的主引擎。2020年，之江文化产业带已有重点项目71个，涉及投资金额1185亿元，其中65个项目已基本建设完成或开工建设，产业平台的集聚力、辐射力、带动力不断凸显。2020年，杭州还成功举办了第十六届中国国际动漫节、第十四届杭州文博会、第六届中国数字阅读大会、2020 MIP China戛纳电视节中国（杭州）国际电视内容高峰论坛等活动。2020年，杭州的文化产业增加值已达到GDP的15%，而数字经济核心产业增加值已达到GDP的26.6%。联合国大数据全球平台中国区域中心落户杭州，互联网经济、数字经济已成为杭州城市文化发展的亮丽名片。

成都的文化产业有一定的体量，国家级文化产业示范园区（基地）数量已达8家，但是缺乏具有全局性、带动性的龙头企业作为引擎，没有类似杭州的阿里巴巴、海康威视等有较强竞争力和知名度的文化与数字大企业。但成都的会展业发展迅速，已成为名副其实的会展之都，入选"中国最具竞争力会展城市"。

在城市环境方面，成都位于成都平原的腹地，得都江堰水利工程的灌溉，成为"水旱从人、不知饥馑"的"天府之国"。杭州位于中国经济最发达的长三角城市群的南翼、钱塘江下游、京杭大运河南端,毗邻东海,市内西湖风景秀丽,素有"人间天堂"的美誉。"天府之国"与"人间天堂"遥相呼应。

但从城市生态的多样性与优越性来说,杭州更有得天独厚的优势。杭州市内(包括主城区)自然形态较为丰富,山川湖泊,错落有致。临海的地理格局让市内空气易于流通,而杭州湾的回旋空间,又在一定程度上减弱了台风等海上恶劣天气的影响。同时,杭州还以高标准推进生态文明建设,出台《新时代美丽杭州建设实施纲要(2020—2035年)》,全面推进8大类49项任务落地;修复"三江两岸"生态岸线174公里;建成和改造绿道597公里;新增绿地面积776.5万平方米;造林5.7万亩,全市森林覆盖率达66.9%。所以,2020年杭州的空气质量优良天数达到334天。

而成都完全是内陆城市,又地处四川盆地的底部,主城区内部形态较为单一,没有大江大河,也没有大的山峦,导致空气不易流通,容易造成大气污染物的聚集,所以2020年空气质量优良天数只有280天。但是纵向对比,这些年,成都市加大对污染的治理,在副省级城市中率先创建国家生态文明建设示范市,荣获首批全球绿色低碳领域先锋城市蓝天奖;规划建设龙泉山城市森林公园,生态保护修复稳步推进,构建以大熊猫国家公园为主体的自然保护地体系。聚力打造锦城公园、锦江公园,建成天府绿道4408公里;启动川西林盘保护修复,完成204个;首批76个公园城市示范片区建设全面启动,"百个公园"示范工程有序推进;新增绿地面积2004万平方米,森林覆盖率达40.2%;成功举办第二届公园城市论坛。"雪山下的公园城市"成为成都的城市新名片,成都的生态环境已显示出良好的发展态势。

从市民素质来说,成都、杭州都较高,市民爱学习的风气浓郁。成都全城实体书店数量位居全国第一,荣获联合国教科文组织"全球学习型城市奖"。两市多次荣获全国文明城市、国家卫生城市等称号,也多次入选"中国最具幸福感城市"的评选等。而且杭州是全国唯一连续14年入选"中国最具幸福感城市"的城市,被授予全国唯一的"幸福示范标杆城市"称号。

从城市形象的塑造与营销宣传来说,成都与杭州都是比较成功的。两个城市都有比较好的口碑。

在城市大型标志性公共文化设施方面,成都一度相当落后,无法与杭州媲美。但是随着"三城三都"建设的强力推进以及一系列重要国内外大型赛事的申办,成都正在快速弥补这方面的"短板"。例如,为全力筹办第31届世界大学生运动会,成都对49处场馆进行新建、改造和扩建。天府大剧院、天府文化中心、成都博物馆、新声剧场、凤凰山露天音乐广场、成都城市音乐厅等相继建成开放。而杭州也未放慢脚步,正在扎实推进杭州未来文化中心等项目建设。围绕亚运会的承办,杭州正全面开展"亚运城市八大行动";亚运村、40个亚运会竞赛比赛场馆等的建设正有序推进。

第二节 绵阳与遵义城市文化竞争力比较

绵阳与遵义,均为所属省域的第二大城市,同处于我国西南部,还有一些相似与相近的特性。因此,对两个城市文化竞争力可以作一些比较,以探讨各自发展的优长与不足,以便相互取长补短,共同进步。表4-2为绵阳与遵义2020年相关指标的对比。

表4-2 绵阳与遵义2020年相关指标的对比

指标名称	绵阳	遵义
辖区面积	20248.4平方公里	30762平方公里
常住人口数量	486.8万人	660.6万人
GDP	3010.08亿元	3720.05亿元
人均GDP	6.19万元	5.64万元
第三产业实现增加值	1416.77亿元	1614.83亿元
一般公共预算收入	140.96亿元	258.66亿元
城镇居民人均可支配收入	37488元	37190元
农村居民人均可支配收入	14132元	14718元
金融机构本外币存款余额	5100.19亿元	5251.39亿元
社会消费品零售总额	1394.26亿元	1037.33亿元
高等学校数量	15所	7所

从表4-2可以看到,遵义的辖区面积和常住人口数量都比绵阳大。从经济上来看,遵义的GDP、一般公共预算收入、金融机构本外币存款余额、第三产业实现增加值都高于绵阳,而城镇居民人均可支配收入、社会消费品零售总额、人均GDP等指标上,绵阳高于遵义。遵义白酒产业规模较大,绵阳的

高新技术产业蓬勃发展,两市经济各有自己的特点。

从两市的文化资源禀赋来说,红色文化资源、少数民族文化资源是其共同的特点。遵义的红军长征遗址是遵义宝贵的文化遗产。遵义大力建设全国著名红色文化传承基地,长征国家文化公园项目成功落地遵义。而绵阳"两弹一星"国防科技教育基地也是十分宝贵的文化遗产。当然,遵义还拥有赤水河沿岸酒文化资源以及茶文化、辣椒文化资源,拥有世界文化遗产海龙屯土司遗址。绵阳则是大禹和李白故里、欧阳修的出生地,文昌帝君文化和北川羌族风情影响深远。两市文化资源各有特色与影响。

两市都重视文化与旅游的融合发展。绵阳涪城区入选四川省服务业强县,北川县获评天府旅游名县,江油市入选天府旅游名县候选县和全国县域旅游竞争力百强县,梓潼县文昌祖庭获评国家级海峡两岸交流基地。遵义的赤水丹霞国家地质公园成功获评为该市首个国家5A级旅游景区,赤水河谷旅游度假区成为贵州省首个国家级旅游度假区,汇川区娄山关景区成为全国经典红色旅游景区。

从城市生态环境来看,遵义森林覆盖率达到62%,中心城区环境空气质量优良率提高到99.2%,地表水水质优良比例保持100%,生态环境满意度监测全国第一。赤水河荣获"中国好水"称号,城市公园增至103个。绵阳森林覆盖率55.78%,国土绿化覆盖率达70.04%,与遵义相比各有优长,但绵阳中心城区环境空气质量优良率、地表水水质优良比例等与遵义相比还有一定的差距。

从高等教育资源来看,绵阳有西南科技大学、绵阳师范学院等本、专科学校15所,遵义则有遵义医科大学、遵义师范学院等本、专科学校7所。此外,绵阳还有中国工程物理研究院等一批相当有实力的科研院所。从这一角度而言,绵阳的科学教育实力高出遵义不少。正是依托中国唯一的科技城的荣誉,绵阳强化科技博览与科技文化,大力发展科技博览会,已连续举办八届中国(绵阳)科技城国际科技博览会,影响较大。同时,绵阳重视知识产权保护,成功创建全国版权示范城市,成为全国第12个获此殊荣的城市。相比之下,遵义在这些方面较为薄弱。

从市民素质与城市文化精神来说,两市均为全国文明城市,显示出较高的价值认同。

从文化生产的角度来看,遵义不断弘扬和传承红色文化基因。"十三五"以来以遵义为背景创作的电视剧《伟大的转折》《花繁叶茂》《天渠》《吉他兄弟》《出山记》等影视作品在央视热播。相比而言，绵阳尚未对其独特的红色文化资源进行深度的挖掘和文化创造。

从城市对外形象宣传与文化交流来说，遵义因为是中国共产党历史上十分重要的"遵义会议"会址所在地，所以名声很大，家喻户晓。此外，贵州茅台作为中国白酒的领军企业，其久负盛名的品牌效应对其品牌所在的城市遵义也是很好的营销宣传。此外，在城市文化政策、文化规划与文化管理等方面，遵义也显示出相当积极的一面。遵义大力弘扬他们自己凝练出来的"遵道行义·自强不息"的城市精神，效果显著。相比而言，绵阳对外的城市形象宣传比较随意，还需加强。本来李白故里、大禹故里、欧阳修的出生地等都是绵阳城市形象不可多得的金字招牌，但由于重视程度不够，这些宝贵的文化资源没有被很好地转化为文化资本与文化品牌。在对城市精神的凝练方面，绵阳也未能积极应对。

从城市大型标志性公共文化设施的建设来看，两市均有不足，需要加强建设，予以突破。

第三节 泸州与宜宾城市文化竞争力比较

泸州与宜宾同为川南经济区中的城市，都是长江沿岸城市。两市唇齿相依，有大致相同的自然条件与人文基础，都是著名的"酒城"，因此，具有较强的可比性。表4-3为泸州与宜宾2020年相关指标的对比。

表4-3 泸州与宜宾2020年相关指标的对比

指标名称	泸州	宜宾
辖区面积	12236.2平方公里	13283平方公里
常住人口数量	425.4万人	458.8万人
GDP	2157.2亿元	2802.12亿元
人均GDP	5.07万元	6.11万元
第三产业实现增加值	862.7亿元	1108.3亿元
一般公共预算收入	170.07亿元	200.03亿元
城镇居民人均可支配收入	39547元	39166元

续表

指标名称	泸州	宜宾
农村居民人均可支配收入	18035元	18569元
金融机构本外币存款余额	3107.6亿元	6235.7亿元
社会消费品零售总额	1013.81亿元	1027亿元
高等学校数量	7所	13所

泸州和宜宾均位于四川省东南部，不同之处在于，泸州处于川、滇、黔、渝四省市结合部，而宜宾处于川、滇、黔三省结合部。与泸州相比，宜宾不与重庆接壤。因此，两市都属于四川南下、东去的桥头堡，区位优势明显。两市先后荣获国家卫生城市、国家森林城市、全国文明城市、国家园林城市等荣誉。

从交通区位优势来说，泸州成功创建全国综合交通运输服务示范城市，成功争取设立中国（四川）自由贸易试验区川南临港片区、泸州综合保税区、中国（泸州）跨境电子商务综合试验区。泸州港稳居四川第一大水港，泸州港获批国家临时开放水运口岸。泸州建成全省第三大航空港云龙机场，打造港口型国家物流枢纽承载城市。对宜宾而言，成贵高铁全线运营使宜宾进入高铁时代。宜宾港千吨级以上泊位增至11个，实现万吨级轮船首航，被交通运输部确定为长江干支中转重要港口和全国主要港口。

从表4-3可以看到，两市经济指标比较接近，特别是在城镇居民人均可支配收入和农村居民人均可支配收入、社会消费品零售总额方面是十分接近的，但在GDP、人均GDP以及金融机构本外币存款余额方面，宜宾要高出泸州一大截。宜宾作为川南经济区经济中心地位逐渐显现。

在文化惠民生方面，宜宾重视文化基础建设，相继有一批标志性的文化基础设施和城市文化旅游与城市生态环境保护等项目建成投用，如宜宾的档案馆新馆、文化馆、科技馆、博物馆、李庄文化抗战博物馆。宜宾还建成岷江生态修复项目、金沙江湿地公园；龙头山竹生态文化主题公园部分开园；2016年成功创建中国杰出绿色生态城市。泸州重视城市生态文明建设，"十三五"时期建成城市公园13个，中心城区建成区人均公园绿地面积由9.5平方米增长至14平方米，创成省级重点公园4个，先后创建全国首批水生态文明城市。

两市都比较注意加强会展经济。泸州主办和承办的中国国际酒业博览会、中国（泸州）西南商品博览会、中国（泸州）农产品博览会等在国内都很有影响力。宜宾的国际会展中心建成运营，由宜宾主办或承办的中国国际名酒博览会、国际（宜宾）茶业年会、国际智能终端产业发展大会、中国（宜宾）国际竹产业发展峰会暨竹产品交易会等特色展会的影响力持续提升。

在高等教育方面，虽然原泸州医学院成功更名为西南医科大学，但宜宾发力更猛，成效更显著。原来宜宾高等教育资源相对贫乏，"十二五"时期只有2所高校，在校大学生2.5万人。进入"十三五"时期，宜宾抢占高等教育发展先机，先后引进四川大学、电子科技大学、西南交通大学、成都理工大学、西华大学、四川外国语大学、四川轻化工大学、成都工业学院等高校，建立了大学城，高校数量跃升至13所，在校大学生数量扩展到6.29万人，还有来自50余个国家的700余名留学生，跃居全省前列，实现了历史性的跨越。同时，宜宾还引进12所产业技术研究院和2个院士工作站入驻运行，成为国家首批、西南地区唯一的产教融合型试点候选城市，极大地提升了城市的文化氛围、文化品位与文化实力。

在文化旅游融合发展方面，"十三五"时期，宜宾成功创建天府旅游名县命名县1个、候选县2个，新增国家4A级旅游景区8家、省级全域旅游示范区2个，旅游业总收入年均增长16%；而泸州则成功创建国家4A级旅游景区2个，创建天府旅游名县候选县2个，同时成功创建国家文化和旅游消费试点城市。

总体而言，泸州与宜宾都处于城市蓬勃发展的黄金时期，但两市在城市文化发展方面仍然存在公共文化服务不均衡的问题，优质化、个性化服务还有较大提升空间，文化产业还处于初级阶段，规模和效益都有待进一步提高。

第四节 眉山与乐山城市文化竞争力比较

眉山位于成都平原西南部，地处岷江中游和青衣江下游的扇形地带。乐山也位于成都平原西南部，有岷江、青衣江、大渡河三江在此交汇。两市山水毗邻、人文相近、联系紧密，都属于成都平原经济区城市，具有较强的可比性。表4-4为眉山与乐山2020年相关指标的对比。

第四章　四川城市文化竞争力的个案研究

表4-4　眉山与乐山2020年相关指标的对比

指标名称	眉山	乐山
辖区面积	7186平方公里	12827平方公里
常住人口数量	295.5万人	327万人
GDP	1423.74亿元	2003.43亿元
人均GDP	4.82万元	6.13万元
第三产业实现增加值	673.25亿元	890.02亿元
一般公共预算收入	121.62亿元	120.2亿元
城镇居民人均可支配收入	38892元	38931元
农村居民人均可支配收入	19730元	18175元
金融机构本外币存款余额	2645.29亿元	2738.63亿元
社会消费品零售总额	543.3亿元	748.31亿元
高等学校数量	12所	4所

从表4-4可以看到，乐山辖区面积和常住人口数量都大于眉山，GDP也比眉山高出40.7%。在人均GDP、第三产业实现增加值、社会消费品零售总额等指标上，乐山均高于眉山。但两市城乡居民人均可支配收入、金融机构本外币存款余额等指标大体相当，一般公共预算收入也非常接近，且眉山还高出乐山一点，说明眉山的经济质量更有竞争力。不过，两市经济均表现出良好的发展态势。

在文化遗产方面，乐山有世界文化与自然双重遗产峨眉山和乐山大佛，眉山还没有世界级的文化遗产，但有享誉世界的"世界千年英雄"——苏东坡。两市均重视文化旅游。乐山为传统的旅游强市，峨眉山—乐山大佛久负盛名，旅游经济总量稳居全省第二位。乐山推动组建了巴蜀世界遗产联盟、巴蜀石窟文化旅游走廊联盟、"大渡河风景道"联盟和"大峨眉"文旅发展联盟。乐山市中区成为国家全域旅游示范区、天府旅游名县候选县，峨眉山市入选中国十佳体育旅游目的地，峨秀湖创建为国家级旅游度假区，《只有峨眉山》跻身成渝十大文旅新地标，夜游三江·凌云山、罗城古镇·犍为文庙、苏稽古镇成为巴蜀文旅走廊新地标。峨眉山市跻身国家全域旅游示范区、首批天府旅游名县。嘉定坊入选首批四川文创集市，夜游三江荣膺四川十大文旅新地标，乐山国际半程马拉松赛入选中国体育旅游精品项目。眉山则以苏东坡为重要的文化名片，以"三苏"为代表的名人文化在眉山得到大力传承与弘扬。东坡文化传承创新"七个一"工程扎实推进，成效显著；话剧《苏东坡》荣获四川省精神文明建设"五个一"工程奖。作为有相当影响的国家重点文物保护单位，眉山三苏祠发展态势良好，先后荣获多种荣誉，2020年又获评为成渝地区十大文旅新地标。此外，眉山的瓦屋山景区成功创建国家4A级旅游景区并获评巴蜀文化旅游走廊新地标，东坡水街成为网红打卡地，柳江古镇获评中国历史文化名镇，洪雅县获评天府旅游名县。

两市都重视会展经济。"十三五"时期，由眉山主办或承办的中国泡菜食品国际博览会、国际（眉山）竹产业交易博览会、中国食品安全大会、东坡国际文化节、东坡文化学术高峰论坛、四川音乐周等影响日益扩大。乐山主办或承办的四川省文化和旅游发展大会、第六届中国（四川）国际旅游投资大会和第七届四川国际文化和旅游博览会、第三届四川（乐山）中医药博览会、世界研学旅游大会、四川国际文化旅游节、峨眉山音乐节、中国·四川国际峨眉武术节、文化和自然遗产日四川主会场等也取得很大成功。

两市都高度重视文化发展，在文化规划、文化政策、文化管理等方面，都显示出积极的态度与强烈的发展愿望，发展与进步的成效也得到充分体现。眉山是全国文明城市、国家卫生城市、国家森林城市，获评中国最美生态文化旅游城市。乐山则是国家卫生城市，省级文明城市。

两市都重视公共文化服务。"十三五"时期，乐山义务教育均衡发展通过国家认定，跻身国家公共文化服务体系示范区。"十三五"末期，眉山新建公共篮球场158块、足球场45块，实现村级体育设施全覆盖。眉山广播电视所有频道实现高清播出。

两市都重视生态文明建设。"十三五"时期，眉山市建成公园163个，森林覆盖率达50.13%，城乡绿化覆盖率达60.17%，2020年空气优良天数达320天，位居"2020中国蓝天百强城市榜"成效榜第三位。乐山则加大峨眉山景区违建整治、绿心公园保护等，成果显著，森林覆盖率达60.8%；峨眉山市成为国家生态文明建设示范市。

在高等教育方面，眉山在"十三五"时期之前相对薄弱。进入"十三五"时期以后，眉山大力引进高等教育资源，促使在眉山的高校数量达到12所，同时，还引进美国加利福尼亚大学伯克利分校与兰州大学等在眉山合办研究院，高校和科研院所数量位居全省前列，极大提高了眉山城市文化的品质与氛围。

总而言之，乐山作为国家级的旅游大市和旅游强市，旅游已成为城市重要的主导产业，发展势头很强劲。眉山是旅游产业的后起之秀，虽然也在快速发展之中，但与乐山相比，还有较大差距。

眉山在高等教育资源、优质特色教育资源的整合与引进方面，显示出较为强烈的超前意识。相比而言，乐山则有明显不足。

两市在大型公共文化基础设施建设和公共文化服务均等化、优质化、个性化服务以及文化产业的集约规模和品牌效应等方面，都还有待提升。

第五节 南充与达州城市文化竞争力比较

南充与达州同为川东北经济区城市，山水毗邻。南充位于嘉陵江中游，达州也属于嘉陵江流域，具有较强的可比性。表4-5为南充与达州2020年相关指标的对比。

表4-5 南充与达州2020年相关指标的对比

指标名称	南充	达州
辖区面积	12500平方公里	16591平方公里
常住人口数量	560.7万人	538.5万人
GDP	2401.1亿元	2117.8亿元
人均GDP	4.29万元	3.94万元
第三产业实现增加值	1029.5亿元	1003.93亿元
一般公共预算收入	133.9亿元	112.33亿元
城镇居民人均可支配收入	36057元	36001元
农村居民人均可支配收入	16431元	16876元
金融机构本外币存款余额	3978.4亿元	3519.48亿元
社会消费品零售总额	1217.6亿元	1085.01亿元
高等学校数量	7所	3所

从表4-5可以看到，南充和达州就经济总量来说都有一定的规模，但由于两市常住人口数量较多，人均指标就相对偏低。两市人均GDP、第三产业实现增加值、城乡居民人均可支配收入大体相当，但南充在GDP、一般公共预

算收入、金融机构本外币存款余额、社会消费品零售总额等方面要高于达州。因此，从经济层面看，南充总体上要好于达州。

南充对提升整个城市的文化品位、塑造城市文化品牌比较重视。"十三五"时期，南充成功创建国家公共文化服务体系示范区，公共图书馆、文化馆、乡镇（街道）和村（社区）综合性文化服务中心全部免费开放；成功创建四川省第五届文明城市；建成北湖公园等15个城市公园；成功创建国家A级旅游景区5家；阆中市入选全国县域旅游综合实力百强县，同时还获评首批天府旅游名县，跻身全国文明城市、国家卫生城市；仪陇县入选第二批天府旅游名县和国家生态文明建设示范县，还成功创建第二批省级全域旅游示范区，创建国家园林县城；顺庆区、南部县、阆中市获评四川省促进服务业发展工作先进单位；营山县被命名为国家卫生县城；南部县、营山县、蓬安县成功创建四川省文明城市。南充成为基础教育国家级优秀教学成果推广应用示范区、四川省首批全域研学试点市。北部新城、会展新城、文峰新城、大剧院改造提升、清泉坝景观二期等工程陆续完工，使南充的城市文化形象有了新的提升。

达州也比较重视城市文化基础设施建设，着力改善城市生态环境，"十三五"时期相继建成莲花湖、运动公园、梨树坪等24个城市公园并对外开放，获得第七届全国文明城市创建提名资格。科技馆、档案馆、钢琴博物馆、515艺术创窟等建成开放，巴山文学院组建运行，两届全国新农村文化艺术展演圆满举办。

南充和达州都比较注重会展经济发展。南充主办或承办的中国西部丝绸博览会、落下闳春节文化博览会、全国桑茶产业发展大会、南充嘉陵江国际马拉松比赛、C21论坛等产生了一定的社会影响。达州举办或承办了第六届和第七届全国新农村文化艺术展演、第九届秦巴地区商品交易会、第三届达商大会、首届文化和旅游发展大会、国际半程马拉松比赛等，对扩大城市影响起到了积极的作用。

两市都比较重视文化传承。南充重视对三国文化、丝绸文化、将帅文化及本地其他名人文化的挖掘与传承，其朱德故居纪念馆被评为国家一级博物馆。达州重视对巴文化的研究传承，持续开展以城坝遗址和罗家坝遗址为重点的巴文化遗址考古发掘，成立巴文化研究院，并召开多次学术研讨会，努力扛起巴文化研究中心的大旗。

在高等教育方面，南充过去长期位居全省高等教育资源总量第二位。但随着西南石油大学主体迁建成都,加上省内宜宾、眉山等城市高等教育的崛起,南充在全省高等教育资源领域的地位在逐渐下降。达州在高等教育方面一直处于弱势,近年来大力发展职业高等教育,取得一定的成效,但与省内发展快速的其他城市相比,还有较大差距。

在城市大型标志性公共文化设施的建设方面,两市近年来虽有一些进步,但仍需加大投入。

在城市文化形象的塑造方面,两市虽然都比较努力,但成效并未充分显现,城市文化形象口碑有待进一步改善。

在城市文化规划、文化政策的制定、文化措施的落实、文化创新与创意、文化产业的发展、区域文化影响力的提升、城市幸福感与文明度的培育等方面,两市还需要进一步改进,向省内先进地区看齐。

第五章 四川非中心城市文化的跨越发展

统筹区域发展是中共十六届三中全会提出的"五个统筹"之一，具体内容为：积极推进西部大开发，振兴东北地区等老工业基地，促进中部地区崛起，鼓励东部地区率先发展，继续发挥各个地区的优势和积极性，通过健全市场机制、合作机制、互助机制、扶持机制，逐步扭转区域发展差距拉大的趋势，形成东中西相互促进、优势互补、共同发展的新格局。

2017年10月18日，习近平同志在党的十九大报告中指出：实施区域协调发展战略，即"加大力度支持革命老区、民族地区、边疆地区、贫困地区加快发展，强化举措推进西部大开发形成新格局，深化改革加快东北等老工业基地振兴，发挥优势推动中部地区崛起，创新引领率先实现东部地区优化发展，建立更加有效的区域协调发展新机制。"

2013年2月19日，四川省委通过了《中共四川省委四川省人民政府关于实施多点多极支撑发展战略的指导意见》。这是四川在新的发展条件下推动科学发展、加快发展的重大举措，是促进全省区域协调发展、同步全面建成小康社会的必然选择，对于实现由经济大省向经济强省跨越具有重大意义。

2018年6月29日至30日，中共四川省委第十一届委员会第三次全体会议审议通过了《中共四川省委关于深入学习贯彻习近平总书记对四川工作系列重要指示精神的决定》和《中共四川省委关于全面推动高质量发展的决定》（以下简称"两个《决定》"）。两个《决定》为四川指明了未来的发展方向。首先是在空间布局上，四川省委作出了"一干多支、五区协同"的新部署，力求打破行政区域的原初壁垒，积极建立区域协调发展体制机制。与此同时，也确立了"四向拓展、全域开放"的立体全面开放新态势，推动治蜀兴川再上新台阶。

"一干"是指支持成都加快建设全面体现新发展理念的国家中心城市，充分发挥成都的引领辐射带动作用。

"多支"是指打造各具特色的区域经济板块，推动环成都经济圈、川南经济区、川东北经济区、攀西经济区竞相发展，形成四川区域发展多个支点支撑的局面。

"五区协同"是指强化统筹，推动成都平原经济区（含成都和环成都经济圈）、川南经济区、川东北经济区、攀西经济区、川西北生态示范区协同发展，推动成都与环成都经济圈协同发展，推动凉山州、阿坝州、甘孜州"三州"与内地协同发展，推动区域内各城市之间协同发展。[1]

从"多点多极"到"一干多支、五区协同"，显示了四川省委对四川发展战略的认识更加清晰和具体。如果说"多点多极"还是一种战略设想的话，那"一干多支、五区协同"已经是战略的实施蓝图了。

虽然"一干多支、五区协同"已经是四川发展的战略实施蓝图，但如何实施，如何实现，确乎还是一篇"大文章"。

必须看到，四川省委对四川发展现状的认识是相当清楚的，先后实施的"多点多极"支撑发展战略、"一干多支、五区协同"发展战略无疑是推动四川科学发展、加快发展的重大举措，是促进全省区域协调发展，实现由经济大省向经济强省跨越的战略抉择。但随之而来的关键问题是，就"多点多极"而言，"点"在哪里？"极"如何去造？就"一干多支、五区协同"而言，"多支"多到哪里？究竟是几支？"五区"又如何协同？"多支"与"五区"的中心城市有哪些？需不需要明确区域中心城市？换言之，对除成都以外的这些"点"与"极"和"多支"，需要去积极地寻找、引导、培育和推动，不然，这些"点"与"极"和"多支"就会自由生长、野蛮发展，最后可能适得其反。

在"一干多支、五区协同"发展战略中，经济无疑是十分重要的，因为经济是城市发展的基础。但一个城市不能只有经济，还必须要有文化。要知道，文化是一个国家、一个民族的灵魂，自然也是一个地区、一个城市的灵魂。四川要从经济大省转变为经济强省，也必然会从文化大省转变文化强省，因为经济与文化密切相关。按照木桶定律，一只木桶能装多少水，不取决于最长的那块木板，而是取决于最短的那块木板。因此，只有补短板，才能真正做大做强。

对四川而言，省会成都一城独大，集全省政治、经济、金融、科技、教育、文化、旅游、医疗、交通、对外交往等诸多中心于一身，汇聚了全省相

---

[1] 新华社.四川构建"一干多支、五区协同"区域发展新格局[EB/OL].（2018-07-01）[2021-12-31]. http://www.gov.cn/xinwen/2018-07/01/content_5302626.htm.

当大的一部分资金流、信息流、人才流、物资流等。2020年全省经济排名第二的绵阳，其GDP距离成都甚远，更遑论其他排在后面的城市了。放眼全国，能够称得上经济强省的广东、江苏、山东、浙江，绝不可能是一城独大，它们是整体发展，也就是区域协调发展。因此，四川要成为经济强省和文化强省，关键不在成都，而在成都之外的其他城市。只有其他城市与省会成都形成雁形发展态势，四川在全国才有更强的竞争力，在成渝地区双城经济圈发展中才能真正形成内陆经济发展高地，才能带动中西部，特别是广大的西部地区加快发展。

第一节 四川非中心城市文化跨越发展的背景

对四川而言，成都作为国家中心城市，当然是四川绝对的中心城市。其他城市与成都相比，都算不上是四川的中心城市，至多有些能算是四川某区域的中心城市。

自重庆1997年转为中央直辖以来，至2019年，在每年全国经济百强城市的榜单中，偌大的四川只有成都上榜。虽然四川的经济总量在全国比较靠前，省会成都的排名也位于前列，稳居全国前十，其总量甚至超过了一些经济发达省份的省会，如浙江的杭州、江苏的南京、山东的济南、福建的福州等。但是，四川这么大，单靠省会成都一城独大，难以支撑四川由大到强的发展格局。在这一方面，四川不仅与发达省份相比有明显的差距，甚至与中西部一些省份相比也略显尴尬。在与经济相适应的文化发展上，四川除成都以外的其他城市的尴尬依然不能避免。为直观反映上述情况，下面以2015年全国城市GDP及文化竞争力百强省份分布进行列表展示（见表5-1）。[①]图5-1、图5-2、图5-3分别列示了2015年城市文化竞争力排名第1~50位的得分及GDP总量，排名第51~100位的得分及GDP，以及2015年全国城市GDP百强在各省份的分布状况。

---

① 2020年为"十三五"规划收官之年，为便于比较一个五年计划周期的变化，故选择"十二五"规划的收官之年2015年作比较。

表5-1 2015年全国城市GDP及文化竞争力百强省份分布（不含港澳台地区）[①]

省份	进入全国百强城市数量	城市名称	GDP 排名	GDP 总量/亿元	文化竞争力 排名	文化竞争力 得分
山东	15	青岛	12	9400	30	48.11
		烟台	20	6300	26	53.24
		济南	21	6280	13	65.68
		潍坊	32	5320	51	37.09
		济宁	39	4220	81	21.82
		淄博	40	4200	63	33.18
		临沂	45	3820	57	35.26
		东营	46	3750	48	39.23
		泰安	60	3292	80	22.06
		威海	64	3060	35	44.64
		德州	70	2793	85	20.53
		聊城	73	2739	44	40.21
		滨州	81	2510	84	20.96
		菏泽	84	2400	98	14.51
		枣庄	91	2215	78	22.71

[①] 本表2015年全国城市GDP数据依据"好金贵财经"提供数据整理而成（参见：好金贵财经.2015年全国城市GDP排名100强[EB/OL].(2016-07-25)[2021-08-05]. https://www.sohu.com/a/107525575_227249.）；本表2015年全国城市文化竞争力数据依据华顿经济研究院编制的《2016年中国百强城市排行榜》之"软经济指标"中的"文化分值"整理而成（参见：华顿经济研究院.2016年中国百强城市排行榜[EB/OL].(2020-09-24)[2021-08-05]. http://www.warton.com.cn/index.php?m=&c=Index&a=show&catid=85&id=155.）。需要说明的是，此排行榜中所列文化及其分值，与本书所述城市文化及其竞争力不是完全等同的概念。另外，该2016年排行榜中的数据采自2015年，故与各城市2015年的GDP数据列在同一张表上，仅供参考。

第五章 四川非中心城市文化的跨越发展

续表

省份	进入全国百强城市数量	城市名称	GDP 排名	GDP 总量/亿元	文化竞争力 排名	文化竞争力 得分
江苏	13	苏州	7	14400	9	68.19
		南京	11	9600	33	46.35
		无锡	14	8500	34	45.32
		南通	24	6120	39	44
		徐州	33	5250	61	33.62
		常州	34	5200	47	39.42
		盐城	41	4180	59	33.80
		扬州	42	4080	49	39.16
		泰州	49	3600	58	34.61
		镇江	53	3560	40	41.58
		淮安	78	2650	62	33.53
		连云港	93	2141	56	35.44
		宿迁	95	2050	95	16.78
广东	9	广州	3	18100	7	72.62
		深圳	4	17500	4	84.11
		佛山	15	8200	45	40.13
		东莞	22	6200	15	61.02
		惠州	62	3140	83	21.37
		中山	65	3010	71	27.66
		茂名	80	2534	76	23.12
		湛江	83	2438	86	20.45
		江门	88	2311	69	29.50
浙江	8	杭州	10	10100	5	74.66
		宁波	16	8000	23	54.4
		温州	35	4610	12	65.92
		绍兴	36	4400	41	41.3
		台州	48	3600	60	33.77
		嘉兴	50	3592	18	58.05
		金华	54	3462	54	36.35
		湖州	94	2100	53	36.36

续表

省份	进入全国百强城市数量	城市名称	GDP 排名	GDP 总量/亿元	文化竞争力 排名	文化竞争力 得分
河南	6	郑州	18	7450	29	48.62
		洛阳	51	3576	73	24.99
		南阳	69	2916	91	17.62
		许昌	87	2318	97	14.69
		周口	92	2199	100	0.00
		新乡	96	2030	93	17.11
湖南	6	长沙	13	8600	21	56.47
		岳阳	71	2790	94	17.05
		常德	75	2720	82	21.78
		衡阳	79	2603	74	24.51
		株洲	86	2350	75	23.62
		郴州	99	2021	92	17.4
河北	6	唐山	25	6050	70	28.23
		石家庄	30	5620	32	47
		沧州	56	3420	96	15.29
		邯郸	59	3300	87	19.43
		保定	66	2988	77	22.94
		廊坊	90	2230	65	32.62
福建	4	泉州	23	6150	38	44.05
		福州	28	5670	20	56.96
		厦门	52	3565	27	53.03
		漳州	76	2700	31	47.83
内蒙古	4	鄂尔多斯	37	4360	46	39.55
		包头	47	3689	36	44.41
		呼和浩特	63	3091	99	12.86
		通辽	97	2028	89	18.15
湖北	3	武汉	8	11000	14	64.63
		襄樊	57	3400	72	25.16
		宜昌	58	3332	66	32.1

续表

省份	进入全国百强城市数量	城市名称	GDP 排名	总量/亿元	文化竞争力 排名	得分
辽宁	3	大连	17	7800	6	72.66
		沈阳	19	7280	10	67.4
		鞍山	68	2941	52	36.90
陕西	3	西安	26	6000	22	54.52
		榆林	61	3290	79	22.25
		咸阳	89	2300	90	17.80
黑龙江	2	哈尔滨	27	5750	25	53.85
		大庆	38	4280	43	40.45
吉林	2	长春	29	5650	17	58.73
		吉林	67	2950	64	32.88
安徽	2	合肥	31	5600	37	44.05
		芜湖	82	2440	68	29.96
广西	2	南宁	55	3425	16	58.89
		柳州	85	2398	67	30.19
贵州	2	贵阳	77	2692	42	40.77
		遵义	98	2025	3	86.94
上海	1	上海	1	25300	1	96.36
北京	1	北京	2	23000	2	91.34
天津	1	天津	5	17200	11	66.22
重庆	1	重庆	6	16100	24	53.97
四川	1	成都	9	10800	8	71.15
云南	1	昆明	43	4050	55	35.49
江西	1	南昌	44	4000	28	50.12
山西	1	太原	72	2753	19	57.20
新疆	1	乌鲁木齐	74	2730	50	38
甘肃	1	兰州	100	2000	88	18.46
海南	0					
宁夏	0					
青海	0					
西藏	0					

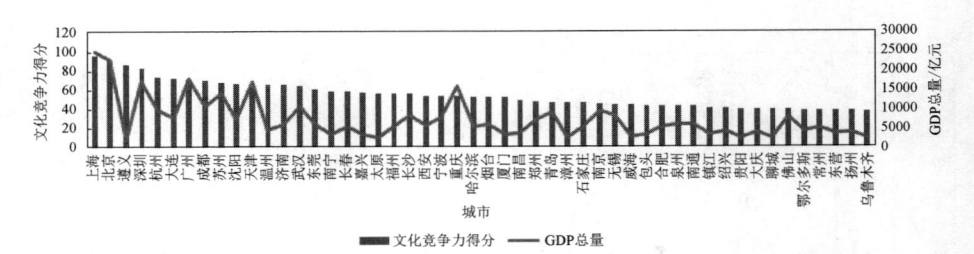

图5-1 2015年文化竞争力排名第1~50位得分及GDP（不含港澳台地区）

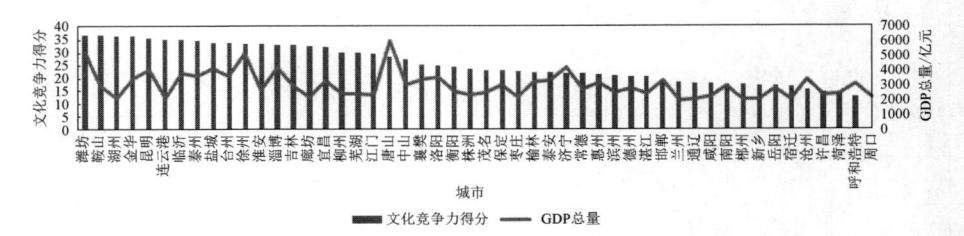

图5-2 2015年文化竞争力排名第51~100位得分及GDP（不含港澳台地区）

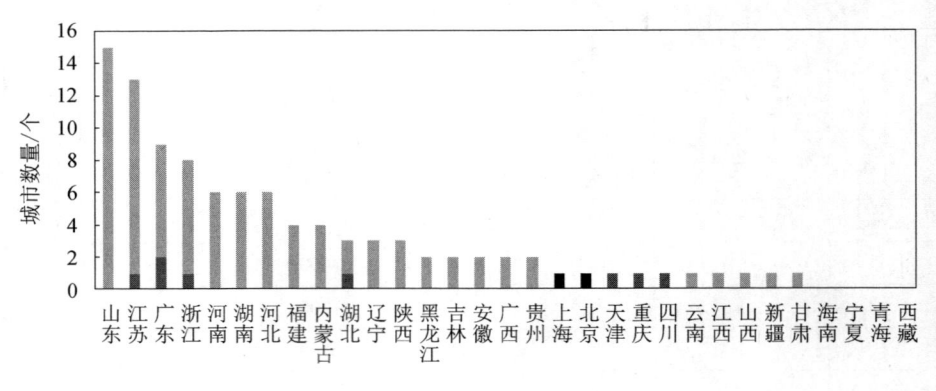

图5-3 2015年全国城市GDP百强省份分布（不含港澳台地区）

从图5-1、图5-2、图5-3和表5-1可以就2015年的情况得出以下一些重要的信息。

（1）四川除了成都入围且经济总量和文化竞争力进入全国前十位以外，没有其他城市能够进入百强。四川城市入围全国百强城市的数量已落后于中西部的不少省份。换言之，除省会成都这一中心城市具有显著的竞争力外，四川其他非中心城市的竞争力提升空间较大。

（2）就全国而言，经济总量排名前四位的省份，绝不是靠该省份的某一两个城市支撑。如广东21个省辖市中，9个进入全国百强；江苏13个省辖市全部进入全国百强，是唯一所有省辖市都跻身全国百强的省份；山东17个省辖市中，15个进入全国百强，百强城市数量居全国各省份首位；浙江11个省辖市中，8个进入全国百强。

（3）经济总量与文化竞争力总体看是平衡的，局部看，有些城市反差很大，最典型的莫过于经济总量在全国排第98位的遵义，其文化竞争力却排在全国第3位，位居中西部第一。

在四川省委"多点多极""一干多支、五区协同"的发展战略的指引下，四川城市的经济发展呈现良好的发展态势。四川第二大经济体城市绵阳在2019年和2020年均进入全国城市GDP百强；2020年，宜宾也入围其中。虽然这两个城市在百强城市的排名中还很靠后，但发展势头不错，而且紧随其后的德阳、南充等城市也蓄势待发，预计1~2年之后有望进入全国城市GDP百强。

但在看到四川城市自身进步的同时，也要清醒地看到四川城市的实际差距与需要追赶的目标。

表5-2所示为2020年全国各省份城市进入GDP百强城市榜情况。图5-4为2020年全国城市GDP百强在各省份的分布状况。

表5-2 2020年全国各省份城市进入GDP百强城市榜情况
（不含港澳台地区）

省份	入榜城市数量	入榜城市	GDP3万亿元以上	GDP2万亿元以上	GDP1万亿元以上	GDP1万亿元以下
江苏	13	苏州			✓	
		南京			✓	
		无锡			✓	
		南通			✓	
		常州				✓
		徐州				✓
		扬州				✓
		盐城				✓

续表

省份	入榜城市数量	入榜城市	GDP3万亿元以上	GDP2万亿元以上	GDP1万亿元以上	GDP1万亿元以下
江苏	13	泰州				✓
		镇江				✓
		淮安				✓
		连云港				✓
		宿迁				✓
山东	11	青岛			✓	
		济南			✓	
		烟台				✓
		潍坊				✓
		临沂				✓
		济宁				✓
		淄博				✓
		菏泽				✓
		德州				✓
		威海				✓
		东营				✓
广东	10	深圳		✓		
		广州		✓		
		佛山			✓	
		东莞				✓
		惠州				✓
		珠海				✓
		茂名				✓
		江门				✓
		中山				✓
		湛江				✓

续表

省份	入榜城市数量	入榜城市	GDP3万亿元以上	GDP2万亿元以上	GDP1万亿元以上	GDP1万亿元以下
河南	9	郑州			✓	
		洛阳				✓
		南阳				✓
		许昌				✓
		周口				✓
		新乡				✓
		商丘				✓
		驻马店				✓
		信阳				✓
浙江	8	杭州			✓	
		宁波			✓	
		温州				✓
		绍兴				✓
		嘉兴				✓
		台州				✓
		金华				✓
		湖州				✓
河北	6	唐山				✓
		石家庄				✓
		沧州				✓
		保定				✓
		邯郸				✓
		廊坊				✓

续表

省份	入榜城市数量	入榜城市	GDP3万亿元以上	GDP2万亿元以上	GDP1万亿元以上	GDP1万亿元以下
福建	5	泉州			✓	
		福州			✓	
		厦门				✓
		漳州				✓
		龙岩				✓
湖南	5	长沙			✓	
		岳阳				✓
		常德				✓
		衡阳				✓
		郴州				✓
安徽	4	合肥			✓	
		芜湖				✓
		滁州				✓
		阜阳				✓
四川	3	成都			✓	
		绵阳				✓
		宜宾				✓
湖北	3	武汉			✓	
		襄阳				✓
		宜昌				✓
江西	3	南昌				✓
		赣州				✓
		九江				✓

第五章 四川非中心城市文化的跨越发展

续表

省份	入榜城市数量	入榜城市	GDP3万亿元以上	GDP2万亿元以上	GDP1万亿元以上	GDP1万亿元以下
陕西	2	西安			✓	
		榆林				✓
辽宁	2	大连				✓
		沈阳				✓
云南	2	昆明				✓
		曲靖				✓
贵州	2	贵阳				✓
		遵义				✓
广西	2	南宁				✓
		柳州				✓
吉林	1	长春				✓
黑龙江	1	哈尔滨				✓
山西	1	太原				✓
内蒙古	1	鄂尔多斯				✓
新疆	1	乌鲁木齐				✓
甘肃	1	兰州				✓
上海	1	上海	✓			
北京	1	北京	✓			
重庆	1	重庆		✓		
天津	1	天津			✓	
海南	0					
宁夏	0					
青海	0					
西藏	0					

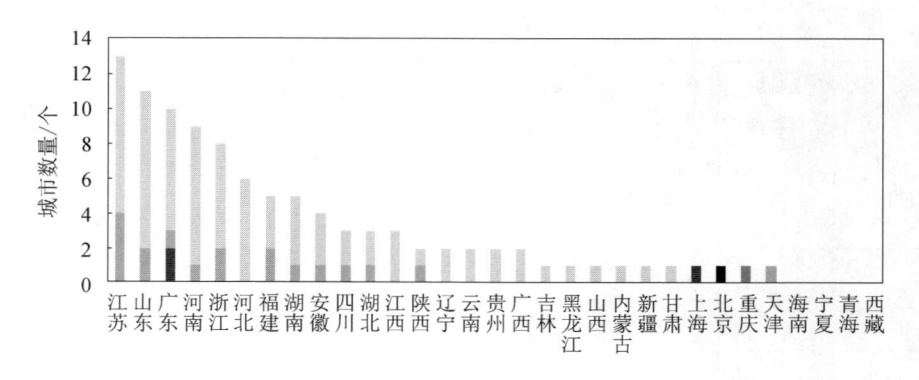

图 5-4 2020年全国城市GDP百强在各省份分布（不含港澳台地区）

将表5-2与表5-1比较，可以发现，全国各省份进入GDP百强城市榜的城市数量与分布在发生变化，更直观的对比如图5-5所示。

图5-5为2015年和2020年各省份所属城市进入全国GDP百强城市榜的城市数量前后对比。可以看到，对比2015年和2020年，进入全国GDP百强城市榜的城市数量增加最多的是河南，其次是安徽、四川和江西。进入全国GDP百强城市榜的城市数量减少最多是山东，其次是内蒙古。保持高位稳定的是江苏与浙江。

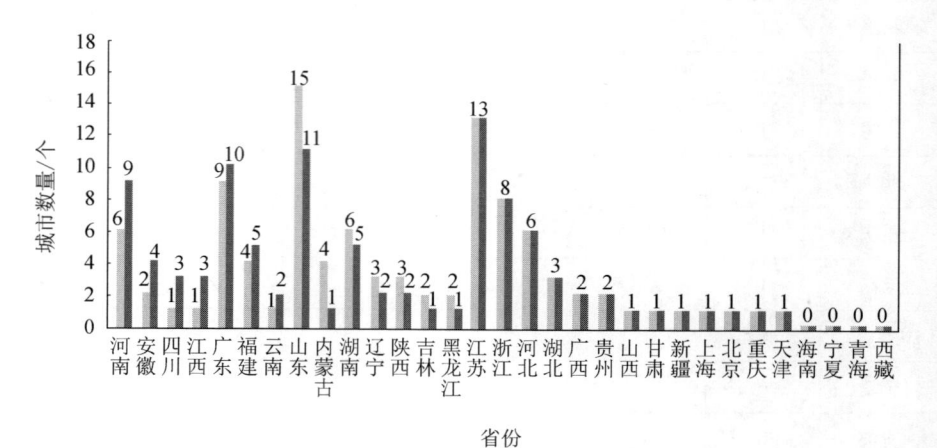

图 5-5 2015年和2020年各省份进入全国百强城市数量对比（不含港澳台地区）

第五章 四川非中心城市文化的跨越发展

虽然四川在近6年的时间里已新增全国经济百强城市两个,但这两个城市排名都很靠后,不仅与东部不少非省会城市差距较大,即便是与中西部非省会城市比较也没有明显的优势,排名依然比较靠后。

从图5-6对2020年全国GDP百强城市中7个西部非省会城市各自GDP总量的排名情况来看,绵阳在全国百强城市西部非省会城市中排位在倒数第三,宜宾则为倒数第一。这两个城市即使在7个西部非省会城市的竞争中也还处于劣势。

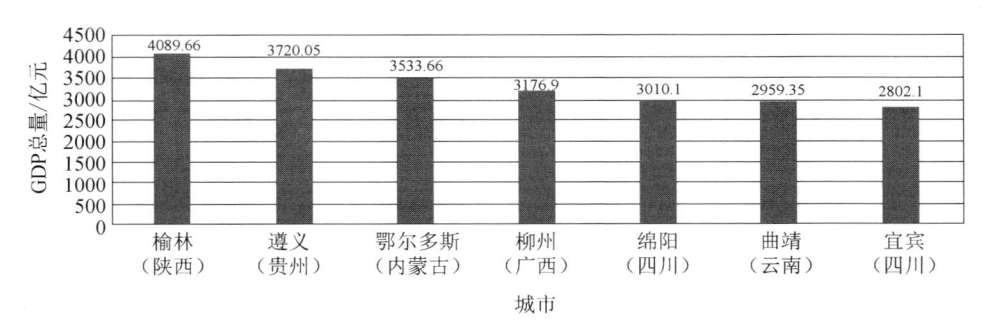

图5-6 2020年全国GDP百强城市中7个西部非省会城市GDP总量情况

从表5-3对2020年全国GDP百强城市中23个中西部非省会城市各自GDP的排名情况来看,绵阳在中西部全国百强城市非省会城市中排位在倒数第七,宜宾仍为倒数第一。这两个城市在23个中西部非省会城市竞争中都还处于劣势。

表5-3 2020年全国GDP百强城市中23个中西部非省会城市GDP排名[①]

排名	城市	GDP/亿元	所在省份
1	洛阳	5128.4	河南
2	襄阳	4601.97	湖北
3	宜昌	4261.42	湖北
4	榆林	4089.66	陕西
5	南阳	3925.86	河南
6	岳阳	3780.41	湖南

---

① 本排行榜依据中国小康网文章整理,参见:《小康》·中国小康网.2020中国城市GDP百强榜出炉!GDP排名全国2020名单最新[EB/OL].(2021-04-06)[2021-08-03]. https://www.chinaxiaokang.com/caijing-pindao/hongguanjingji/20210406/1148904.html.

续表

排名	城市	GDP/亿元	所在省份
7	遵义	3720.05	贵州
8	赣州	3645.2	江西
9	常德	3624.21	湖南
10	鄂尔多斯	3533.66	内蒙古
11	许昌	3449.23	河南
12	衡阳	3372.68	湖南
13	周口	3267.19	河南
14	九江	3240.5	江西
15	柳州	3176.9	广西
16	新乡	3014.5	河南
17	绵阳	3010.1	四川
18	株洲	3003.13	湖南
19	曲靖	2959.35	云南
20	商丘	2959.27	河南
21	驻马店	2859.27	河南
22	信阳	2805.68	河南
23	宜宾	2802.1	四川

当然，相对于2019年以前四川仅成都一座城市进入全国GDP百强而言，目前的四川城市发展已呈现出良好的态势。但与四川在全国各省份GDP总量中的排名以及四川21个城市的基数相比，其入围全国GDP百强城市榜的城市数量以及排位都还有较大的提升空间。

再来比较2020年四川与全国发达省份各自的GDP省份内排名前三位的城市分别占本省份GDP的比例，就可以找到四川从经济大省迈向经济强省、从文化大省迈向文化强省的紧迫性，详见图5-7。

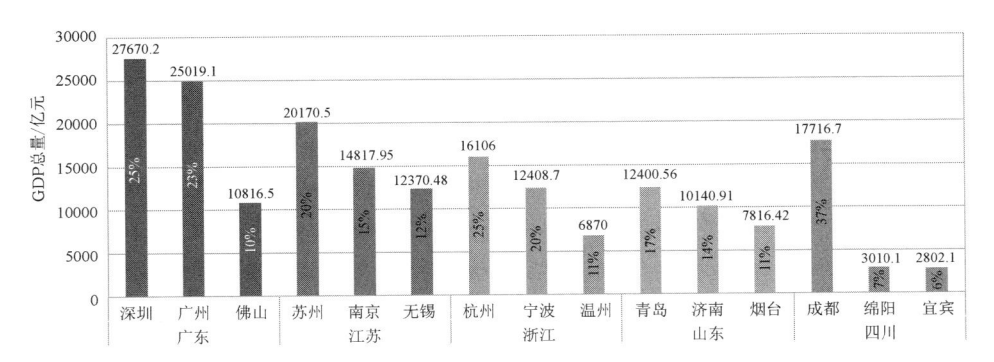

图 5-7　2020年四川与发达省份各自的GDP省份内排名前三位的城市分别占本省份GDP的比例

注：柱形中部的百分数代表2020年该城市GDP占本省GDP的比例

从图5-7中可以看到，发达省份相关排名前三位的城市，GDP占本省份GDP的比例都在10%以上，排名第一的城市相关占比没有超过25%。四川最少的一位相关占比仅有6%，排名第二的城市相关占比也仅有7%，排名第一的城市相关占比高达37%，而发达省份排名第二和第三的城市加起来的相关占比一定大于排名第一的城市的相关占比。这说明，一方面，四川省会成都的经济首位度太高，四川的城市发展极不平衡。另一方面，四川除成都外，其他城市之间的经济差距并没有太大。但这并不意味着这些城市实现了均衡发展，反而是表明这些城市发展严重滞后，没有在四川实现由经济大省向经济强省转变的战略中承担应有的责任。

经济的相对滞后，在一定程度上也制约了四川城市的文化发展。在全国各类有关城市文化的竞争力排名中，除成都外，四川其他城市难觅踪影，这也从一个侧面反映了四川除省会之外的其他非中心城市经济竞争力和文化竞争力都不够。

上述发展背景，为四川非中心城市文化跨越发展提供了现实的可能。

第二节　四川非中心城市发展滞后原因分析

多年来，四川除省会成都之外的其他城市，发展较为迟缓，表现在各类经济与社会发展指标在全国城市竞争中处于劣势。其实，在计划经济时代，四川除成都和重庆（指1997年转为直辖市前的重庆）之外，其他一些地市在全国还是有一定竞争力的，如自贡、内江、南充、绵阳、乐山、宜宾、达州、渡口（今攀枝花）等。后来，随着四川省内行政区划的调整，原有的一些地市陆续分解为2~3个地级市，城市发展空间与人口规模缩减，加之一些资源型为主的城市，随着市场经济的发展，其城市经济转型未能跟上时代的步伐，发展后劲不足，部分四川城市在全国城市竞争格局中纷纷掉队，有的至今仍未能找到有力与有效的突破口。综合多方面因素，四川非中心城市发展滞后，大致有以下一些原因。

1. 省会成都的虹吸效应过强

成都作为四川的省会，集全省政治、经济、金融、科技、教育、文化、旅游、医疗、交通、对外交往等诸多中心于一身，汇聚了全省大部分的资金流、信息流、人才流、物资流等。自1997年重庆转为直辖市之后，为平衡与重庆竞争的支点，四川过分倚重成都，使成都在全国的经济地位、文化地位、交通地位等迅速上升，与重庆携手领跑西部，进入国家中心城市建设行列。

成都的人口膨胀、投资膨胀、用地膨胀等在带给城市繁荣兴盛的同时，也让成都资源、环境的承载力不堪重负。成都的重污染天气在南方城市中比较突出，这些重污染天气让成都天府明珠的形象受损。成都曾连续多年跻身中国最具幸福感城市名单，且多次荣登第一，但近些年在全国宜居城市评选中成都多次落榜，这从一个侧面反映了成都在发展中面临的一些问题。

四川有21个城市，单靠成都一个城市难以支撑全省均衡性发展。即使成都的经济总量已达到上海的水平，如果省内其他城市不能快速追上，四川要比肩粤、苏、鲁、浙这些经济强省几乎是不可能的。因此，大力发展成都之外的其他城市，就成为四川破解发展瓶颈的关键。反过来说，之所以四川这些城市过去发展缓慢，与相当长一段时间里其发展未能上升到全省的战略高度有很大的关系。

四川地处西部，总体经济与社会发展尚不能与东部发达省份相媲美。省会成都的快速发展、超常发展，势必会在一定程度上挤压省内其他兄弟城市的发展机遇与发展空间。由于省内其他城市与成都的差距越拉越大，成都的巨大吸引力被无限放大，由此带来四川发展的两极分化：作为中心城市的成都，在省内几乎所有的领域都不会遇到真正有力的竞争对手，而省内其他城市要在一城独大的省情背景下实现跨越发展，难度较高。换言之，四川的城市发展亟需区域协调发展，否则，任由这种局面演变下去，除成都之外的省内其他城市的发展机遇、发展空间与发展基础会进一步被挤占、被压缩、被掏空。这也是相当长一段时间以来，四川非中心城市发展缓慢，不仅在省内处于劣势，放到西部或全国来看也缺乏强有力的竞争力的原因。

按照现在的发展格局，成都在可以预见的相当长一段时间里，经济总量要超过排在前面的上海、北京、深圳、广州和重庆，几乎是不可能的。因此，成都未来的发展质量、效益比数量和速度更重要，否则，会留下太多的弊病。例如，为了经济发展，扩大消费市场，成都会加大对人才的吸引，而这种吸引在一定程度上会让本来安心在四川其他城市工作、生活的人考虑到成都来。一个城市的人口基数相对有限，有进就有出，有增就有减，长此以往，成都人口不堪重负，而其他非中心城市的人口逐渐萎缩，经济发展的动力不足。

不妨以第七次全国人口普查为例。据《四川省第七次全国人口普查公报》数据显示，与2010年第六次全国人口普查相比，全省21个城市中，只有8个城市的常住人口数量增加，其中，成都常住人口数量增加最多，达到581.8万人，其他7个城市常住人口数量增加最多的只有32万人。换言之，在成都之外的7个常住人口数量增加的城市中，累计的增加数量之和尚不足90万人，不足成都增加人数的16%。再者，全省21个城市的常住人口数量增减变化中，只有8个城市实现数量增长，那就意味着有13个城市数量减少，常住人口数量减少的城市占比高达62%。再比较各个城市户籍人口数与第七次人口普查中获得的常住人口数的情况可知，全省21个城市，第七次人口普查常住人口数量大于户籍人口数量的只有成都、攀枝花和甘孜州。成都增加最大，达到435.68万人。攀枝花增加13.06万人，甘孜州增加1万人。其他18个城市，常住人口数量都比户籍人口数量少，减少最多的是南充，达到191.3万人，减少超过100万人的还有广安、巴中、达州、资阳（详见表5-4）。

表5-4　四川各城市户籍人口与常住人口变化统计表

经济区	城市	户籍人口/万人	常住人口/万人
成都平原经济区	成都	1658.10	2093.78
	德阳	392	345.6
	绵阳	545.48	486.8
	乐山	349.46	327
	眉山	342.26	295.5
	资阳	342.4	230.8
	遂宁	362.9	281.4
	雅安	155	143.4
川南经济区	自贡	323.94	248.9
	泸州	508.42	425.4
	内江	411.77	314
	宜宾	551.5	458.8
川东北经济区	南充	752	560.7
	达州	658.94	538.5
	广安	459.3	325.4
	巴中	393.9	271.2
	广元	298.86	230.5
攀西经济区	攀枝花	108.34	121.4
	凉山州	533.11	485.8
川西北生态示范区	阿坝州	90.49	82.2
	甘孜州	109.7	110.7

2.交通的瓶颈制约

四川作为盆地，向有"蜀道难"的比喻。事实上，直到今天，四川的交通密度和发达程度跟东部和中部地区相比还有明显的差距，甚至与西部的陕西、贵州和云南相比也无明显的优势，可能某些方面还处于劣势。例如，除成渝之间外，成都至今尚没有一条真正意义上（时速350千米/小时）的出川高速铁路与全国联网，已落后于西部的西安、兰州、乌鲁木齐、贵阳和昆明。省会尚且如此，省内非中心城市的情况就可想而知。还有航空方面，四川除成都以外的其他城市的机场等级都不高。由于交通长期较为闭塞，与全国其他地区连接不畅不快，导致四川城市特别是非中心城市的居民，视野不够开阔，思维不够活跃，创新意识和开拓进取精神有待进一步增强，容易满足于现状。这些痼疾，成为阻碍四川非中心城市发展的重要因素。

3.缺乏强有力的产业支撑

四川非中心城市无论是过去的资源型城市，还是传统的工业城市、农业城市或消费城市，在计划经济向市场经济的转型过程中，大多未能有华丽转身。原有的国有企业大多关闭、停办、合并、转产，私营企业规模普遍偏小，高新技术企业和外资企业数量有限。全省至2020年尚无一家世界500强企业，2021年才有新希望集团进入。能进入中国500强企业的数量也不过十余家（有时甚至少于重庆），这与四川区域辽阔、人口众多、经济规模总量靠前的现实很不匹配。对四川一些非中心城市来说，类似于新希望、五粮液、长虹、泸州老窖、德阳东电、中国二重等有实力、有影响的大型企业实在是太少。没有大型企业，城市的产业规模和经济竞争力自然要大打折扣。

4.缺乏新经济的引领

四川非中心城市产业业态普遍比较陈旧，在数字经济、智能产业、文化创意产业等新兴产业业态上有不少城市还处于空白。有的城市虽然有一些新兴产业，但规模和效益都尚未显现。缺乏新经济的引领，使大多数非中心城市只能在传统产业中徘徊，因此，整个城市的经济竞争力处于疲软状态。

5.同质化发展

由于缺乏产业的竞争力和具有各自特色的产业基础，四川大部分非中心城市产业同质化现象严重，大都立足于对基础农副产品进行初级加工而形成的食品工业，还有建筑业及其衍生的房地产业等。真正具有自主知识产权的高新技术企业在不少非中心城市中还非常少，甚至在有的城市中基本上是空白。

6. 无序低效竞争

由于缺乏富有特色的有竞争力的产业，四川大部分非中心城市往往喜欢盲目跟风。例如，看见别的城市发展什么产业，兴建哪种园区，便不管自己是否有这样的产业发展基础和消化能力，只顾模仿、拼抢，由此带来资源的浪费，甚至环境的破坏。这种既无序又低效的竞争，引发的投资环境的恶化、地方形象的毁损，其负面的影响有时需要相当长的时间才能被消除。

7. 缺乏协作协同

由于产业趋同，存在无序低效的竞争，所以四川非中心城市往往各自为政，难以携手推动城市之间在交通、教育、医疗、养老、文化、旅游、环境治理、生态保护、产业升级换代等方面的协作与协同，由此形成城市之间的壁垒与隔阂，自然阻碍了城市的共兴繁荣。成渝地区双城经济圈发展已上升到国家战略。这一地区的未来发展，关键点还是在于除成都和重庆两大中心城市之外的其他城市要快速崛起。这方面尤其突显出这一地区城市之间协作协同存在的短板。

第三节 四川非中心城市文化发展存在的问题

文化有广义、中义和狭义之分。本书所指的文化，属于中义，大体涵盖文化事业与文化产业两个维度。文化事业除传统意义上的文艺创作、文艺演出、图书馆、博物馆、档案馆、艺术馆、文化馆、美术馆、广播电视、新闻出版等之外，还应包括教育、体育及其相关领域。文化产业则是"文化+各个产业"而形成的产业链条。

通过广泛调研和查阅资料发现，四川非中心城市文化发展存在以下问题。

1. 对文化的认识高度不够

不少非中心城市对文化的认识还停留在文化是软实力，处于可有可无、可轻可重、可多可少的阶段，对文化发展的重要性缺乏足够的认识。有的表面上显得重视，但真正到要落实具体的措施、切实保障投入的时候，往往又有各种各样的借口或理由，予以拖延或否认。有的表面上做一点应付的"工程"，实际上是华而不实、虚张声势、中看不中用。

2. 城市文化氛围不浓

不少城市注重经济发展，忽略对城市文化氛围的营造，城市看上去光鲜亮丽，但缺乏文化灵魂的植入，显得空疏呆板。有的城市仅从物质层面而言，有林立的高楼、宽阔的马路、造型新奇的路灯，但这些崭新的城市面貌并没有带给城市应有的品味，相反却显得浮躁、轻飘。第一眼看上去似乎很现代繁华，但仔细一思考或多看几眼，就会出现审美疲劳，觉得没有"神"。

3. 缺乏城市文化个性

城市规划与建设彼此雷同，缺乏个性，没有将自身的文化遗产与文化品位彰显出来，千城一面。本来四川的城市因为不同的地理环境和历史积淀，各有自己的"城市故事"和"精神内核"。这些年的大拆大建，无非是楼房更新更高、马路更宽更亮、城市夜晚更绚烂多彩，但如果没有告诉你所在的城市名称，那么你一定不容易判断你所置身的城市"姓谁名啥"。换言之，城市"新"了，但由于没有突出历史根基与历史印记，"新"城市就缺乏应有的文化与个性。说严重一点，一些城市的文脉已断裂，历史赋予这座城市的文化底蕴已烟消云散、无踪无影。

4. 文化投入不足，城市文化基础设施普遍欠账较多

作为城市公共文化服务重要载体的大型文化基础设施，如大剧院、音乐厅、美术馆、群众艺术馆、群众文化馆、艺术中心、图书馆、博物馆、科技馆、体育馆、奥体中心等，四川不少城市欠账较多，人均公共文化场地等众多相关指标落后于全国平均水平。有的城市拥有的一些城市文化基础设施年久失修、破败不堪；有的城市新建了一些比较完善的城市文化基础设施，但普遍缺乏运营经费和管理人员，运转情况不容乐观。总体看，近年来，一些四川非中心城市陆续建成或开工建设了一批公共文化服务基础设施，但数量偏少、档次不高、配套不够完善、管理不够科学，城乡之间、区域之间差距较大，社会效益尚未充分显现。有的城市充当门面的几个标志性文化设施尚且差强人意，可是到了下面的区、县一级或者社区、乡镇一级，不少这类公共文化设施还处于房屋借用、几家共用、一处多用的情况，每年的经费投入捉襟见肘，基本的工作与管理维持都十分困难，更遑论开展丰富多彩的活动。

5. 城市公共文化服务均等化、优质化、个性化方面还有较大差距

四川大部分非中心城市由于多方面原因，普遍存在公共文化服务均等化、优质化和个性化方面水平不足的问题。就均等化而言，一方面表现在，市区普遍好于区、县，区、县又好于乡镇。另一方面，就四川范围而言，省内一些城市公共文化服务总体尚可，但有一些城市则十分落后。也就是说，这种均等化的差异既有城市与城市之间的差异，也有城市内部不同区域之间的差异。就优质化而言，对四川大多数城市来说，公共文化服务还停留在保基础、拼数量阶段，也就是解决有与无、多与少的问题，对于优质化的服务还没有能力或余力去思考与实现。优质化的公共文化服务尚且难以实现，针对个别人提供具有个性化的文化服务就更加遥不可及。对四川大多数城市来说，公共文化服务方面只是做到有提供，对于民众是否需要、民众是否喜欢、民众是否还有一些个性化的文化需求，则无暇顾及。这种情况就导致一些城市在公共文化服务方面上的一些投入，民众不买账、不配合、不接受，以致出现"政府一头热，民众一头冷"的尴尬局面。

6. 文艺创作精品力作太少

虽然这些年有部分城市先后获得各类文艺奖项，但总体而言，文艺创作的精品力作太少，文艺创作"有高原无高峰"的现象尚未得到真正改变。

7. 群众文艺活动普遍不够

除广场舞、坝坝舞外，许多城市群众文艺活动十分匮乏，即使有，也形式单一。这既与文化基础设施投入不足有关，也与城市相关部门缺乏正确的组织引导有关。当然，群众文艺审美与文艺实践能力的不足，也是导致群众文艺活动不够普遍的重要原因。

8. 教育欠发达

无论是在中小学教育资源上，还是在高等教育资源上，成都都汇聚了全省绝大部分优质资源。特别是高等教育资源方面，四川非中心城市与省会成都差距十分明显；非中心城市之间差距也比较显著，有的城市至今没有一所本科院校。此外，城乡之间、区域之间在教育资源配置、教育人才吸引力、教育政策倾斜、教育环境改善等方面还存在较大差距。这些差距

导致省会成都和省内区域中心城市在教育领域有巨大的虹吸效应，区县和乡镇成熟的优秀教师和教育管理者纷纷向更高级别、更发达地区的教育机构汇聚，让原本就脆弱的基层教育失血严重，导致教育发展一再失衡，由此也让四川不少非中心城市的教育发展长期处于停滞不前甚至日渐倒退的状况。

9. 文化人才匮乏

因为受地理位置、经济发展水平和阅历视野等多方面的限制，四川非中心城市文化人才相当匮乏，特别是高端的文化产业人才、文化创意人才、文化管理人才非常紧缺。城市文化人才的匮乏，阻碍了四川非中心城市文化的跨越发展。不少城市文化建设缺乏创意，出现盲目模仿和低水平重复，导致资源浪费，投入与产出不仅不成比例，甚至严重倒挂。

10. 文化供给侧改革有待加强

四川不少非中心城市的文化服务与文化惠民受制于交通、环境、产品与需求产品的群体年龄、心理预期等方面的反差，高质量的文化供给严重不足。换言之，对大多数非中心城市来说，不是没有文化供给，而是文化供给脱离受众群体的实际需要。想当然供给、随意供给、为了供给而供给、为了完成任务而供给、凑热闹而供给，凡此种种，自然使供给的效益、效果与效能不够理想。

11. 文化产业大多还停留在初级阶段

四川非中心城市文化产业大都以传统的广告业、印刷业等为主，还谈不上有新兴的文化产业业态。绵阳、宜宾等城市有一定的地方特色文化产业，已建成一定的文化产业园区，但大多规模较小、聚集程度低，不利于文化产业的规模化、集聚化发展。此外，文化产业园区规划缺乏统筹和差异化竞争优势，大部分产业园区性质雷同。因此，四川非中心城市文化产业不仅在GDP中的占比难以与东部等发达地区媲美，而且在发展的质量与层级上，普遍缺乏高端和有竞争力的文化产业业态与文化产业产品。

12. 市民普遍缺乏阅读习惯，"书香城市"建设任重道远

除各阶段在校学生外，四川非中心城市市民普遍缺乏阅读习惯，特别是面对各种电子读物、电子视频、数字游戏等的冲击，浅阅读、碎片化阅

读、快餐化阅读等瓦解了不少市民系统阅读、深度阅读、连续阅读、个性化阅读的基础，"书香城市"建设任重道远。即便是在校学生，受应试教育的影响，纸质阅读对象也以各种应试教材、教辅资料、拓展训练等类别的书籍为主，对以提高科学、文化、美学素养为目的的阅读还停留在极为肤浅的层面，有的甚至还无力去触及。

13. 市民科学与文化素养、审美修养、创新精神有待提高

综合上述各方面因素，四川非中心城市的不少市民的科学与文化素养、审美修养、创新精神普遍不够，有待提高。这种提高需要综合考量，非简单的教育培训能胜任。

第四节　四川非中心城市文化跨越发展的对策建议

四川要从文化大省蝶变为文化强省，必须快速补上四川非中心城市文化这块短板。换言之，四川非中心城市文化必须实现跨越发展。如何实现跨越发展？本书有以下对策建议。

1. 各城市要明确文化先行的理念

经济发展是文化发展的基础，但文化繁荣不完全取决于经济繁荣，文化发展反而可以助力经济发展。特别是在转变经济发展方式、实施五大发展理念的今天，文化先行有更特殊的含义。在非中心城市如何发挥后发优势，如何实现"弯道超车"和"变道超车"方面，文化先行意义重大。

不可否认，经济与文化关系非常密切，但不是简单的对应与对等关系。在新时代背景下，特别是面对新一轮西部大开发、"一带一路"和成渝地区双城经济圈建设等发展机遇，加快四川非中心城市经济社会和文化发展，可以实现"弯道超车"和"变道超车"，有力助推四川从经济大省迈向经济强省，从文化大省迈向文化强省。事实上，在成渝地区双城经济圈中，成都和重庆无论是单独在全国城市中比较，还是合起来与其他区域邻近的双城组合比较，都相当具有竞争力。如果说成渝地区双城经济圈目前还难以与长三角经济圈、珠三角经济圈、环渤海经济圈媲美，暂时排名中国第四大经济圈，那么主要原因还是成渝之间的其他非中心城市"塌陷"。重庆是直辖市，所以实际上这些"塌陷"就是指四川的环成都与环重庆的非中心城市。它们的经济实力和文化竞争力不足以与成都和重庆相颉颃，从而使这一地区的整体实力大打折扣。应该看到，近年来，经济发达地区的文化及其文化产业迅猛发展，已快速成长为国民经济支柱产业。反观四川，总体而言，文化整体发展较为缓慢，且内部文化产业的区域发展严重失衡，呈现出成都单极独大，缺乏其他城市次级支撑，以及成都与其他城市的体量不协调等问题。因此，从文化跨越的角度实现突破，对四川非中心城市来说，应该是一次难得的机遇。

2. 推动非中心城市教育上台阶、提质量

教育强，则国家强。四川非中心城市文化要实现跨越发展离不开教育的发展，尤其是高等教育的发展。应支持非中心城市大力兴办高等教育，巩固和提升学龄前及中小学教育，优先扶持发展职业教育。要特别重视教育扶贫、教育脱贫与教育扶智、教育增智。在联合办学、专升本、学院更名大学、招生政策及指标投放、学科点及学位点布局、科研项目等方面要向四川非中心城市倾斜。要有计划地在四川非中心城市实施"大学工程"和"研究院计划"，也就是在未来5~10年中，要让每个四川非中心城市都至少有一所普通全日制本科高校，已有普通全日制本科高校的，要力争有一所综合性大学。鼓励有条件的四川非中心城市面向全省乃至全国有影响的大学和科研院所，通过联合办学、建立研究院所等方式，提升本地高等教育和兴建针对本地自然资源及农副产品的特色研究院所。应严格禁止四川非中心城市已有高等院校和科研院所迁建或变相迁建省会成都，成都各区县也不应向省内其他非中心城市的科研院所发迁建、联建等邀请。成都作为省会，发展的方式不应是去瞄准掏空省内其他非中心城市的教育与科技资源，因为四川的非中心城市不是高等教育资源过剩，而是严重短缺。成都所瞄准的目标，也不应是省内兄弟城市的资源，而是放眼全国乃至世界，着力引进在全国排名靠前的高等教育资源和研究机构，有计划地引进国外知名高校和研究机构，这才是省会成都应该追求的目标和气魄。

除高等教育外，对四川非中心城市优秀的中小学教师，也应采取必要的保护措施和政策倾斜，让他们安心服务本地，不要动辄往成都或经济条件更好的城市迁移，让本身就比较脆弱的非中心城市的学校，尤其是这些城市的农村学校人才频繁流失，严重削弱非中心城市的基础教育质量，从根本上动摇和阻碍非中心城市的文化发展。否则的话，长此以往，只会是恶性循环，四川非中心城市文化的跨越发展可能永远都实现不了。

3.重视对非中心城市文化资源的保护与开发

2017年1月，中共中央办公厅、国务院办公厅印发了《关于实施中华优秀传统文化传承发展工程的意见》，非常全面地部署了实施中华优秀传统文化传承发展工程的重要意义和总体要求、主要内容、重点任务、组织实施和保障措施。中共四川省委、省政府高度重视中华优秀传统文化的传承创新，先后于2017年和2020年评选出两批共20位四川历史名人，又在一批高校和科研院所建立中华传统文化研究院和学院。围绕已经评选出的20位四川历史名人，一批省级研究会（学会）、省级研究中心应运而生，一批针对这些历史名人的研究成果相继推出，成效明显。除这些已经评选出的历史名人，四川历史上的名人还有很多，四川各地的其他物质文化和非物质文化遗产也相当丰富。在省级层面，应尽快启动全省有关地方文化资源的梳理工作，打破行政区划壁垒，从全省乃至全国和世界的高度，谋划跨区域、跨行业的文化资源保护与开发规划，切实把大量散布在四川各地，特别是非中心城市的优秀传统文化遗产保护好、传承好，如古蜀文化遗产、蜀道文化遗产、三国文化遗产、红军长征文化遗产、抗战文化遗产、国家三线建设工业遗产、丝绸与蜀绣蜀锦蜀绘遗产、川茶文化遗产、川酒文化遗产、川菜文化遗产、四川水文化遗产、四川山文化遗产、四川民俗文化遗产、四川民族文化遗产、南方丝绸之路文化遗产、都江堰及其灌区水利和农业文化遗产、都江堰及其灌区非物质文化遗产、四川古镇与古村落文化遗产、四川移民文化遗产、四川名人文化遗产等。在申请列入《世界遗产名录》、申报国家A级旅游景区、大遗址保护、博物馆、纪念馆、陈列馆、非物质文化遗产展示馆、中华传统文化学院建设等方面，着力向非中心城市倾斜。

4.加大各级政府对文化发展与文化管理的责任

首先是省政府应将文化发展的关键指标纳入地方政府年度工作目标考核之中。其次是不能简单把文化当作一种宣传或门面，仅仅做个"样子"，使之成为"摆设"，而应实实在在地规划、建设、加强管理、强化责任、狠抓落实。最后是应加大财政对文化的支持、扶持力度，确保各地文化发展、文化惠民能够"落地生根，开花结果"，增强市民对文化发展的获得感、认同感、归宿感与幸福感。

5. 鼓励非中心城市设立文化投资集团，统领各地文化大项目发展

文化需要投入，特别是一些标志性文化工程和文化惠民工程，需要有投资集团的参与。为切实做好各地文化大项目的发展，各非中心城市应因地制宜设立文化投资集团，整合各方力量，形成集约效应，推动当地文化跨越发展。

6. 允许非中心城市发行文化发展债券，解决城市文化发展的资金缺口

为解决文化发展的资金缺口，省政府应出台相应的政策，允许经济基础较为薄弱的非中心城市适时发行文化发展债券。同时加强资金监管，确保精准投入、精准发力、精准促效。

7. 选择不同城市分类进行文化改革发展试点

四川非中心城市较多，既有与省会成都差距较大的一面，也有它们彼此之间发展不平衡的一面。从省级层面而言，可以选择不同类别的非中心城市进行文化改革发展试点，如选择平原城市、山区丘陵城市、跨省交界城市、民族自治州等，赋予不同试点城市不同的文化改革发展任务及相应的自主权，允许试点城市出台符合自身实际的系列政策措施，推动试点城市文化跨越发展。

8. 支持非中心城市扩大对内对外文化交流与合作，塑造更多有竞争力和影响力的文化品牌

过去，四川文化的对内对外交流与合作过分倚重省会成都，导致其他非中心城市的文化影响力较弱。为推动非中心城市的文化跨越式发展，四川省委省政府应扩大非中心城市对内对外文化交流与合作的基础与平台，鼓励非中心城市积极申办、承办、联办全省、全国乃至国际性的文化体育等活动。对于非中心城市已有的相关民俗文化活动要给予应有的支持，并积极创造条件推动其提档升级。对于非中心城市新办的各类民俗文化活动，除了积极予以扶持，还要鼓励其大胆走出四川，走向全国乃至世界，塑造更多有竞争力和影响力的文化品牌。

9. 强化文化供给侧改革，提高非中心城市公共文化服务的灵活性、主动性、针对性和实效性

基层公共文化服务是文化的保底工作，也是文化民生工程。既然是民生工程、保底工程，那就必须要做好。要强化文化供给侧改革，变过去文化主管部门一厢情愿地送文化下基层、下社区、下乡为基层、社区、乡村自主预约文化服务。要充分利用大数据与互联网的技术与平台，将文化服务从单一线下变为线下与线上相结合。要通过灵活便捷的形式、富有吸引力的内容，加大公共文化服务的内涵提升与品质增效力度，确保各项为民惠民文化服务能够因地制宜、因时制宜、因事制宜，避免一刀切、走过场，确保非中心城市公共文化服务的灵活性、主动性、针对性和实效性。

10. 鼓励非中心城市走特色化文艺创作之路

四川不少非中心城市有文艺创作的基础，但与全国文化强市相比，差距还是非常明显的。其实，每个城市都应有自己的灵魂与个性。在文艺创作上不可一味追求所谓的"高大上"，而应鼓励非中心城市根据自身的地域、历史、民俗、文艺传统等制订各自的文艺创作规划，允许非中心城市设置文艺奖。在优秀文艺节目报送、选送等方面，四川省要适度向非中心城市倾斜。

11. 开展美学美育活动

市民的审美素养关乎对城市美的营造。为提高市民的审美素养，培养文化创意的意识与氛围，营造城市美学空间，需要大力开展城市美学美育活动。要通过城市各级各类公益讲座，普及美学知识，提升审美素养，让城市中的每一个人成为城市美的建造者、欣赏者，不断提升城市文化品位。尤其是非中心城市的城市美学的氛围尚不浓厚，更要通过多种渠道让广大市民知道，城市之美不仅仅是城市规划者、建设者的事，还与每一位市民息息相关。从市民的衣着神态到街区的绿化彩化，从城市建筑的造型设计到城市风格的塑造，无不体现美的价值。因此，城市公民美学美育活动就不应成为一句口号或摆设，而应实实在在开展，并力求有成效。

12. 加快全省文化产业发展指导，尽快提升非中心城市文化产业竞争力

四川非中心城市文化产业发展层级和效益普遍较低，也因此拖累了整个四川文化产业竞争力的水平。为此，应尽快出台全省文化产业发展系列制度文件，完善文化产业相关法律法规，规范文化产业管理系统；制定扩大文化消费的各项政策举措；提高文化产业从业人员的版权意识，培养创新精神；督促非中心城市根据本地特色打造符合自身条件的文化产业园区，避免互相重复和恶性竞争，尽快提升非中心城市文化产业竞争力；对基础条件较好的城市，鼓励其在"十四五"或"十五五"时期，让文化产业成为本地国民经济支柱性产业，培育具有国内乃至国际竞争力的文化产品，孵化有自主知识产权和较强市场竞争力的文化品牌。

13. 助推非中心城市高端文化人才和文化企业的引进与发展

文化发展，人才是关键，尤其是高端人才。为此，要积极支持并创造必要条件，助推非中心城市加快文化事业与文化产业高端型人才的引进与发展，解决非中心城市高端文化人才短缺的瓶颈问题。同时非中心城市要主动出击，创造良好条件引进高端文化企业带动本地文化企业发展。通过外引和内培，尽快提升本地文化企业的数量与质量，不断夯实文化发展的基石。

图索引

图 1-1　2020 年四川城市 GDP 对比/05

图 1-2　2020 年四川城市一般公共预算收入对比/06

图 1-3　2020 年四川城市社会消费品零售总额对比/06

图 1-4　2020 年四川城市旅游总收入对比/07

图 1-5　2020 年四川城市城镇居民人均可支配收入对比/07

图 5-1　2015 年文化竞争力排名第 1~50 位得分及 GDP（不含港澳台地区）/104

图 5-2　2015 年文化竞争力排名第 51~100 位得分及 GDP（不含港澳台地区）/104

图 5-3　2015 年全国城市 GDP 百强省份分布（不含港澳台地区）/104

图 5-4　2020 年全国城市 GDP 百强在各省份分布（不含港澳台地区）/110

图 5-5　2015 年和 2020 年各省份进入全国百强城市数量对比（不含港澳台地区）/110

图 5-6　2020 年全国 GDP 百强城市中 7 个西部非省会城市 GDP 总量情况/111

图 5-7　2020 年四川与发达省份各自的 GDP 省份内排名前三位的城市分别占本省份 GDP 的比例/113

表索引

表1-1　2020年四川城市相关经济指标统计情况/004
表2-1　四川城市文化竞争力评价指标体系项目名称与权重/047
表3-1　四川城市文化竞争力综合排名/058
表3-2　四川"五区"城市文化竞争力综合指数状况/058
表3-3　四川城市文化服务要素竞争力排名/060
表3-4　四川"五区"城市文化服务要素指数状况/061
表3-5　四川城市文化产业要素竞争力排名/062
表3-6　四川"五区"城市文化产业要素指数状况/063
表3-7　四川城市文化资源要素竞争力排名/064
表3-8　四川"五区"城市文化资源要素指数状况/064
表3-9　四川城市文化发展要素竞争力排名/065
表3-10　四川"五区"城市文化发展要素指数状况/066
表3-11　四川城市文化活跃要素竞争力排名/067
表3-12　四川"五区"城市文化活跃要素指数状况/068
表3-13　四川城市文化经济要素竞争力排名/069
表3-14　四川"五区"城市文化经济要素指数状况/070
表3-15　四川城市文化管理要素竞争力排名/071
表3-16　四川"五区"城市文化管理要素指数状况/071
表3-17　四川城市文化形象要素竞争力排名/072
表3-18　四川"五区"城市文化形象要素指数状况/073
表3-19　四川城市文化生产要素竞争力排名/074
表3-20　四川"五区"城市文化生产要素指数状况/075
表4-1　成都与杭州2020年相关指标的对比/079
表4-2　绵阳与遵义2020年相关指标的对比/084
表4-3　泸州与宜宾2020年相关指标的对比/086

表4-4 眉山与乐山2020年相关指标的对比/089

表4-5 南充与达州2020年相关指标的对比/091

表5-1 2015年全国城市GDP及文化竞争力百强省份分布（不含港澳台地区）/100

表5-2 2020年全国各省份城市进入GDP百强城市榜情况（不含港澳台地区）/105

表5-3 2020年全国GDP百强城市中23个中西部非省会城市GDP排名/111

表5-4 四川各城市户籍人口与常住人口变化统计表/116

主要参考文献

[1] 泰勒.原始文化[M].连树声,译.南宁:广西师范大学出版社,2005.
[2] 芒福德.城市文化[M].宋俊岭,李翔宇,周鸣浩,译.郑时龄,校.北京:中国建筑工业出版社,2009.
[3] 费瑟斯通.消费文化与后现代主义[M].刘精明,译.南京:译林出版社,2000.
[4] 波特.国家竞争优势[M].李明轩,邱如美,译.北京:华夏出版社,2002.
[5] 帕克,伯吉斯,麦肯齐.城市社会学:芝加哥学派城市研究[M].宋俊岭,郑也夫,译.北京:商务印书馆,2012.
[6] 赫斯蒙德夫.文化产业[M].3版.张菲娜,译.北京:中国人民大学出版社,2016.
[7] 唐燕,昆兹曼,阿尔特拉克,等.文化、创意产业与城市更新[M].北京:清华大学出版社,2016.
[8] 林奇.城市意象[M].方益萍,何晓军,译,北京:华夏出版社,2001.
[9] 许慎.说文解字[M].陶生魁,点校.北京:中华书局,2020.
[10] 陈鼓应,赵建伟.周易今注今译[M].北京:商务印书馆,2005.
[11] 冯天瑜.中国文化史纲[M].北京:北京语言大学出版社,1994.
[12] 任致远.解读城市文化[M].北京:中国电力出版社,2015.
[13] 倪鹏飞.中国城市竞争力理论研究与实证分析[M].北京:中国经济出版社,2001.
[14] 范周.中国城市文化竞争力研究报告:2016[M].北京:知识产权出版社,2017.
[15] 连玉明.中国城市蓝皮书[M].北京:中国时代经济出版社,2003.
[16] 赵力平.城市文化建设[M].北京:中国社会科学出版社,2005.
[17] 唐月民.文化资源学[M].济南:山东大学出版社,2014.

后　记

　　2015年8月，受四川省人民政府文史研究馆的委托，课题组负责人潘殊闲带领课题组成员西华大学文化产业管理专业学生黄磊、连鹏翔，在四川省人民政府文史研究馆文史室副主任黎明春的陪同下，前往绵阳、广元、巴中、达州、南充五市进行四川非中心城市文化跨越发展调研。课题组一行每到一地，都在当地相关领导和部门负责人的陪同下，实地考察当地的文化遗产、公共文化设施、公共文化服务、文化产业园区，与相关人员进行座谈交流。随后，课题组又制作统一的问卷调查表，面向全省21个城市征集相关数据、建议与意见，又到四川省文化厅、旅游发展委员会、教育厅等单位查阅相关资料，后来形成《四川非中心城市文化跨越发展报告》。

　　2017年10月，课题组在上述报告的基础上，申报了四川省社会科学界联合会基地重大委托项目《实施区域协调发展战略视野下的四川非中心城市文化跨越发展研究》，获得批准。

　　几年来，课题组一行先后到四川各个城市进行了多种形式的文化考察与交流，广泛搜集数据，召开若干次研讨会，最后确定了考核四川城市文化竞争力的要素指标体系，并着手分析研究。

　　由于是第一次对四川各城市的文化竞争力进行考核排序，相关的理论与操作都缺乏前人的经验借鉴，只能逐步摸索。课题组克服多方面困难，尝试对四川城市文化进行全面的检视，对比分析各城市、各区域城市、各非中心城市在文化发展方面的优势与劣势，并以省内外相关城市为具体对象，进行一对一的比较分析，希望在四川实施区域协调发展战略以及中央实施成渝地区双城经济圈发展战略的背景下，对加快推动四川城市，特别是非中心城市的文化发展，真正实现四川省委省政府提出的"一干多支，五区协同"的发展目标，能够提供有意义的决策参考和发展路径指引。

　　课题组具体的分工如下：

后　记

西华大学潘殊闲教授负责整个课题的组织领导、统筹协调、体例和指标体系设计，并全程参与所有的考察调研、座谈交流和学术研讨，撰写第2~4章，主持撰写第5章；

成都信息工程大学潘君瑶博士参与部分调研、座谈交流及学术研讨，参与全书体例和指标体系设计，撰写第1章，参与撰写第5章；

成都信息工程大学申昊煊参与部分调研、座谈交流及学术研讨，设计全书图表，并做数据录入与统计分析及指标体系设计，参与撰写第5章；

西华大学文学与新闻传播学院文化产业管理专业学生黄磊、连鹏翔参与前期考察，调研，数据搜集、整理、分析及指标体系设计；

西华大学文学与新闻传播学院中国古代文学专业研究生蔡玥、赖涤、张亚靖、李玲玉参与后期数据搜集、整理与分析。

感谢四川省人民政府文史研究馆党组书记蔡竞、馆长何天谷对本课题研究的支持！感谢四川省社会科学界联合会对本项研究给予的课题支持！感谢西华大学科技处、西华大学"地方文化资源保护与开发研究中心"、西华大学文学与新闻传播学院相关同人对本课题的关心、支持与帮助！感谢知识产权出版社卢海鹰、周也等编辑对本课题的出版所付出的辛劳！

对我们来说，文化与城市文化都是我们长期关注的，但如何评价城市文化，如何对城市文化的竞争力进行排序，对我们来说却是新鲜的；特别是在聚焦四川的城市文化竞争力排序与分析研究上，更缺乏业界的经验指引与启发。加之课题组由于学有不逮，疏漏、错误在所难免，尚祈读者不吝赐教。

《四川城市文化竞争力研究报告（2020）》课题组
辛丑年仲秋谨识于成都